Hipólito Lazo

Título original
Tú y yo somos poesía

pololazo148@gmail.com
Primera Edición / 2022

Colaboradores
Lic. Zoraima Aquino
Recursos Audiovisuales

Diseño, diagramación, y portada
Janet Salgado Mukarssel
Editora
janet.salgado@gmail.com

ISBN: 9798845859310
Independently published

Tú y yo

SOMOS POESÍA

Dedicatoria

Después de anhelar siempre, escribir un libro, ahora que estoy culminando mi quinto libro, me siento tan feliz, que recuerdo y extraño a muchos seres queridos que volaron a la eternidad, que me harían inmensamente feliz si los tuviera a mi lado, para juntos disfrutar con la publicación de cada una de mis obras, así como pedirles organizar un recital, para con todo mi amor recitarles mis poesías.

En momentos en que tengo mis libros en la mano, cuando recibo llamadas, mensajes y audios de felicitación, con palabras y calificativos unos más emotivos que otros, como recuerdo y extraño a mis adorados padres Javier y Margarita, también a mis cuatro abuelos Julia, Juana, Pedro y Sergio, quienes me prodigaron su inmenso amor desde cuando era muy niño.

A mis tías abuelas Salome, Leonor y Rosalía, quienes en sus conversares, con sumo orgullo nos contaban las hazañas de sus ancestros, me hablaron tanto de ellos, que fue como conocerlos y llegar a quererlos, en toda la inmensidad de su querer, lo que a mi corta edad, fue la semilla que cayó en tierra fértil, para desde ahí, siempre tener el anhelo, de escribir sus historias y su ejemplo, los que convertidos en poesía, quedarán eternamente para las generaciones del futuro.

Pero como el agradecimiento va de la mano con la dedicatoria, que mejor oportunidad, para dedicarle este nuevo libro, a quienes me ayudaron y alentaron a no dejar de escribir, aunque debo reconocer que estuve a punto de abandonar este proyecto, pero es ahí, donde aparecieron estas personas, mis ángeles, mis amigos maravillosos, que con sus palabras, su lealtad y cariño, fueron los que me dieron la confianza, la seguridad y la alegría para seguir adelante, para hoy lleno de alegría, entregarles este nuevo libro, que como lo digo siempre, para que sus páginas y cada verso, sean los que hablen por mí, cuando yo, ya me haya ido.

Con toda la gratitud, admiración, aprecio y cariño de toda la vida, este humilde poeta, rendido ante tanta amabilidad y nobleza, se permite dedicar este nuevo libro, a mis padres Javier y Margarita, a mi tío Segundo y todos mis ancestros en el cielo.

A mis hijos Margaret Sarabet, Carla Fiorella, Sergio Roberto y Gwendoline, a mis nietos Liam, Soline y Natanael, que son la alegría y la inspiración para mi vida.

A mis tíos Juan, Jesús y Eufemia Moscoso, que al verlos y escucharlos me recuerdan mi niñez, a mis padres y la tierra donde nací.

A mi tío Wilder Aranibar y por medio de él, a toda nuestra inmensa y querida familia.

A mi editora Janet Salgado Mukarssel y a la licenciada Zoraima Aquino, por brindarme su apoyo profesional, su leal y afectuosa amistad, al alentarme en todo momento para sacar adelante el proyecto.

Al ingeniero Pedro Ávila, quien en su momento, creyó en mis cualidades de poeta, me apoyó y predijo mi futuro hace nueve años, cumpliendo lo que de buena fe, presagiaba.

A mi fiel amigo, Joaquín, quien cada vez que llego a casa, me hace una fiesta, está conmigo en las buenas y en las malas, sintiendo claramente su felicidad, cuando yo lo estoy, sufrir cuando sufro yo, y llorar cuando me ve llorar, sin duda una gran compañía que me ayudó a vencer la soledad.

Polo

Agradecimientos

Siempre quise, en algún momento de mi vida, escribir y publicar un libro, sin embargo, tuve que esperar a cumplir 58 años de edad, para recién, empezar a recopilar todos mis archivos, iniciados en febrero del año 2009 y desde ahí, no parar, hasta julio del 2019, en que, al fin, cumplo mi más anhelado sueño, publicar mi primer libro, el que titulé, *"Escribiré 1000 poemas"*, sin embargo, no puedo dejar de mencionar, reconocer y agradecer al ingeniero Pedro Ávila, gerente de la Planta de Harina de pescado TASA en la ciudad de Ático, en Arequipa, Perú, quien al enterarse de mi afición por la poesía, me regaló un cuaderno, para que a partir de ese día, escribiera todos los versos y poemas que salieran de mi inspiración, manifestando las siguientes palabras: "a partir de hoy, todo lo que escriba, hágalo aquí, en este cuaderno, cuando menos piense tendrá lo suficiente para hacer un libro." Cuánta razón tenía el ingeniero Ávila, en menos de seis meses terminé de escribir mis 100 primeros poemas, pero no me imaginé jamás, que el destino me tenía preparado una prueba, para ver si quería ser poeta o escritor, esa joya, donde volqué gran parte de mi inspiración se perdió.

Por un momento me rendí, no pensaba volver a escribir, pero en una oportunidad llegaron de visita unas amistades y en la sobremesa me pidieron que les mostrara el famoso cuaderno y les leyera mis poemas. Agaché la cabeza, y con voz entrecortada, les conté lo sucedido. Mis hijas que también recién se enteraban, me animaron y a la vez, me dijeron: "tú escribes muy bonito, si de verdad, tu vocación es escribir, entonces empieza de nuevo", me dijo mi hija

Carla. "Tú puedes papá eres nuestro poeta", me dijo mi hija Sarabet. Les prometí que empezaría de nuevo, y así lo hice, no se imaginan, lo difícil que fue, pero silenciosamente, volví a empezar. Hasta que llegó el mes de julio del año 2019, en que sale a la luz, y publicado mi primer libro.

Posteriormente, en el mes de julio del 2020, en plena pandemia, publiqué mi segundo libro titulado, "*Quishuarani y los misterios de la joya escondida*", en septiembre del año siguiente, mi tercer libro, otro poemario, titulado "*El amor, la fe y la esperanza en poesía*" y en diciembre de ese mismo año, mi cuarto libro, el que titulé "*365 días pensando en ti*".

Es así como empiezo y doy inicio a esta maravillosa aventura de poeta y escritor, que al principio me costaba aceptar esos nobles títulos, por considerarlos inmerecidos, pero fue mi editora, Janet Salgado Mukarssel que me dijo: "quien escribe, más de 100 poemas de su inspiración, es un poeta, y quien escribe más de un libro, es un escritor". Ante tan preciadas denominaciones, debo recordar entonces, a quienes a lo largo de mi vida, influyeron, me orientaron, me iluminaron, me empujaron y me fueron abriendo el camino para que llegara a mi feliz destino.

Por lo tanto, debo agradecer, primeramente a Dios, por escucharme todos los días, cuando le pido que me haga el ser más humilde y noble de la Tierra, a mis queridos padres Javier y Margarita, quienes con su amor, su dulzura y su ejemplo, me dieron las armas de amor, responsabilidad, fe, perseverancia, honor, lealtad y patriotismo para que afrontara con éxitos todas las vicisitudes de la vida, en este largo camino por recorrer.

A mis hijos Margaret Sarabet, Carla Fiorella, Sergio Roberto y Gwendoline, a mis nietos Soline, Liam y Natanael, quienes con su alegría y su inmenso amor, me pidieron volver a empezar, para que no dejara de escribir y pudiera realizar mis sueños.

Al ingeniero Pedro Ávila, quien al leer un poema mío, presagió mi destino de poeta y escritor.

A Janet Salgado Mukarssel, por su amistad y trabajo responsable y profesional, contribuyendo significativamente a la obtención de los títulos de poeta y escritor.

A Zoraima Aquino, licenciada en Recursos Audiovisuales y docente en Lengua y Literatura, por su íntegra amistad y profesionalismo en todo momento.

Como no agradecer a las personas, que una vez invitadas, me demostraron su afecto y su cariño, al hacerme llegar sus poemas, todos tan hermosos, cargados de sentimiento y amor, que de verdad me alegran muchísimo, porque me hacen ver, que les sobra dotes y cualidades, de verdaderos poetas y guardan dentro de su corazón, un tesoro escondido, llamado poesía. Por todo lo dicho, gracias John Vargas, Sergio Lazo Flores, Giovana Margarita Casillas Moscoso, Jovita Arroyo, Juana Yuliana Casillas Moscoso, Héctor Javier Lazo Moscoso, los futuros poetas del amor y la esperanza.

A todos, quienes se detuvieron un momento y me dedicaron su tiempo para escribirme, quiero decirles, que cuando leía sus escritos, le daba gracias a Dios, por regalarme personas tan amorosas y admirables, como tú, que no sé, si por casualidad o cosas del destino, cuando más necesitaba de un abrazo, de la mano y voz amiga, justo ahí, me llegaban tus mensajes con una dosis de oxígeno para mi corazón, que me devolvían la fe y esperanza para seguir adelante. Con el corazón en la mano, pero sereno y tranquilo, quiero decirte, que tus gestos y muestras de aprecio y cariño, las llevaré por siempre en mi corazón.

Gracias por existir y ser como eres, que Dios te bendiga hoy y siempre.

Polo

Prólogo

«El libro es fuerza, es valor, es poder, es alimento, antorcha del pensamiento y manantial del amor».

Rubén Darío

Cuando hablamos del amor, sabemos que esta palabra está implícita en todas las cosas de nuestra vida diaria, desde el despertar de un día hermoso, o un día con lluvia hasta el momento de irnos a dormir, cada cosa que hacemos está implícita la palabra "amor".

Este libro que hoy nos presenta Polo, nos lleva a ver la realidad de la vida, desde poemas escritos y dedicados a su familia, amigos, el amor a la vida, el amor profundo por las cosas, que aunque a veces hay ausencias o carencias, siempre se desea tener y dar amor, hasta un poema escrito para un guayabo, esta esencia que tiene Polo, su manera de escribir y expresar su amor a todo y por todos es lo que lo lleva a plasmar en cada obra suya su pasión por escribir, desde muy pequeño tuvo esa afición y no fue sino para el año 2019 que logró cumplir un sueño, su primer libro *"Escribiré 1000 poemas"* y a partir de este su primer libro, ha logrado afianzarse, ha logrado tener más confianza, y hoy está presentando su quinto libro *"Tú y yo somos poesía"*.

La poesía no es más que la manifestación de emociones por medio de la palabra, Polo Lazo usa el verso de forma libre, sin atarse a las rimas, buscando su propio ritmo para cada verso y adapta cada palabra a sus necesidades como poeta, y es ahí donde se produce un profundo sentimiento de belleza expresándolo en poesías. *"Tú y yo somos poesía"* aportará nuevos horizontes para entender y promover cambios en las personas a este mundo tan revolucionado.

Janet Salgado Mukarssel
Editora

A mi

papá

A mi papá:

Desde muy niña me sentí identificada con la famosa canción de Eva Ayllón que dice: "Cuando era pequeña, yo le dije a papá [...] Quiero ser como tú". Y es que sí, recuerdo que cada vez que veía a mi papá en su uniforme militar, y gracias a la película de Disney, Mulán; quería ser parte del Ejército de Perú tal como él lo había sido. Todos siempre que nos veían a mi papá y a mí, me llamaban "la compañerita de Polito". Y mientras más pasaban los años para ambos, mi papá se convirtió en mi mejor amigo. Alguien que me aconsejaba y velaba por mí como padre, bromeaba como mi hermano, y respaldaba mis travesuras como mi mejor amigo. En lo que crecía, también dejé de lado ese sueño de ser militar. Pero, aun así, cada vez que pensaba en que hacer con mi vida sabía que podía contar con su apoyo incondicional. Recuerdo que, en mi tercer año de secundaria, mi papá empezó a tomar clases de inglés, y era increíble ver que tan rápido mi papá podía aprender conceptos que yo, cuando empecé a aprender el idioma, me costó casi años captar. Y así, el tiempo iba pasando y en un abrir y cerrar de ojos, me encontraba viviendo en un país nuevo. Y como buen amigo leal, mi papá dejó atrás también nuestra querida patria.

Mi papá no dejó que la diferencia de idioma, cultura, comida y más, lo detenga. Al contrario, creo que mi papá es una buena definición de lo que le llaman *"El Sueño Americano"*. Empezando por tener entrevistas para un periódico local, recitando en las ceremonias del centro de trabajo 'El Sol', y como siempre –desde muy antes de vivir en Estados Unidos– escribiendo cada vez que podía. Y todo esto mientras seguía trabajando. Hasta que un día me dijo "hijita, ¿podrías escribir una poesía? Mi primer libro será publicado y me gustaría que haya un escrito tuyo". Muchos tal vez dirán que con un libro bastaba para cumplir el sueño de ser escritor, pero no. Bien dice el dicho, "no hay primera sin segunda". ¿Pero para Hipólito Lazo? Ah no, para Hipólito Lazo no hay segunda sin tercera, tercera sin cuarta, cuarta sin quinta y así sucesivamente. Y así es señores, mi papá no deja nunca que sus sueños tengan límites. Es más, mi papá dejó que sus metas dejen de ser sueños y los convirtió en realidad. Y si usted, querido/a lector/a, está leyendo estos versos dedicados a mi padre, entonces es testigo que lo que alguna vez fue un sueño para Polo Lazo, hoy es realidad.

Papá, gracias por ser una fuente de inspiración que día a día me recuerda que no hay sacrificio que venga sin recompensa. Espero que sepas que todo lo que logre académicamente, lo hago con mucho cariño dedicado a ti. Como bien dice la canción cantada por Rafael Hidalgo, "Ay, ¿Quién pudiera estar contigo toda la vida, vida, vida; junto a la luna, luna, luna; el cielo y tú?". Gracias, papá por darme las alas para volar alto y empujarme a seguir mis sueños. Gracias por confiar en mí y apoyarme en todo lo que hago, gracias por ser como eres, gracias por bromear y seguir mis bromas, gracias por tus consejos y por todas las veces que me sacaste de apuros con tus palabras, gracias por siempre estar dispuesto a escuchar y hablar conmigo, gracias por ser mi compañerito. Gracias por todo papá, gracias, gracias, gracias. ¡Qué orgullo es ser tu hija! Porque así es papá, tú eres el legado de Walter Javier Lazo y de Daria Margarita Moscoso, y, por ende, sin duda eres un triunfador. ¡Siempre sigue pa'lante sin mirar atrás! Te amo mucho papá, continúa haciendo tus sueños una realidad.

Infinitas gracias a Dios que me permitió ser parte de la familia tan maravillosa que tengo, al Universo y a la Pachamama por permitirme nacer en mi bello Perú, mi mamá y a papá por darme la vida y ser mis padres. A mis hermanos por existir y ser mis confidentes. A mi perrito Marley Joaquín Kemp Lazo por darme el honor de ser su mamá humana. A mis ancestros que siempre están allí para escuchar y aconsejar. Nuevamente a mi papá por darme este espacio para escribir. Y finalmente, a usted, lector/a que está leyendo mi último párrafo en este libro.

MARGARET S. LAZO FLORES

26 de mayo del 2022 Miami, Florida, USA

La dama de licra negra

Siempre la esperaba,
para verla pasar,
mientras salía a trotar,
para mantenerse bien.

Con su pelo largo y suelto,
que volaba con el viento,
vistiendo su licra negra,
dibujando sensuales líneas,
y arrancando mil suspiros.

Esta preciosa dama,
con no más de cinco décadas,
se apareció de pronto,
causando gran alboroto.

El solo hecho de verla pasar,
eleva las temperaturas,
calienta las frías mañanas,
y alborota al mismo corazón.

Antes de perderse,
se volteaba a mirar,
a quien con la mirada,
no la dejaba de observar.

Al notar que había un hombre,
al que lo hacía suspirar,
muy pícara le sonreía,
cuando por su lado, tenía que pasar.

Pero un día,
así como llegó, se fue,
no supimos más de su vida,
solo nos dejó los recuerdos,
para seguirla esperando.

Ahora todas mis miradas van
a donde ella se perdía,
siempre con la esperanza,
de que por allí,
algún día regresaría.

No sé, ni su nombre todavía

Me quedaré a esperarte,
para tan solo mirarte,
porque tú me cautivaste,
para que cada vez más, admirarte.

Así no pueda hablarte,
por el idioma cruel causante,
todo lo que quiero contarte,
y mil poemas recitarte.

Tu figura es impresionante,
tu sonrisa deslumbrante,
pareces un ángel destellante,
irradiando dulzura en todo instante.

Sueño con regresar al trabajo,
para verte aparecer muy elegante,
quisiera quedarme para mirarte,
buscando mil motivos para observarte.

No me gustan los fines de semana,
porque son dos días sin mirarte,
espero con ansias el lunes,
para volverte a ver y admirarte.

Si bien el idioma nos separa,
entre mirada y mirada,
nuestros corazones hablan,
sintiendo la complicidad que delatan,
lo que quizá, nuestras bocas callan.

Cuanto daría por tenerte,
darte un abrazo fuerte,
besarte completamente,
y vivir contigo eternamente.

No sé ni tu nombre todavía,
pero eres motivo de mi alegría,
como será cuando llegue el día,
cuando en un beso, me des la vida,
te juro que las estrellas bajaría,
para vivir feliz contigo,
hasta el último momento de mi vida.

Para vencer la soledad

Donde quedó el abrazo,
aquellos que daban vida,
cuando era el saludo día a día,
llenando nuestro corazón de alegría.

Los padres al llegar a casa,
solo les bastaba abrir los brazos,
para ver correr a sus hijos,
verse rodeado y tiernamente abrazado.

Para un abuelo, no hay mejor regalo,
que abrazar a sus nietos amados,
apretarlos fuertemente,
cubrirlos de caricias y besos,
y susurrarles su amor con embeleso.

Con un abrazo se entrega el alma,
alegras el día y lo llenas de esperanza,
le haces sentir tu amor y compañía,
para que nunca se sienta solo en la vida.

Un abrazo es ternura,
regalo lleno de dulzura,
quien lo da, demuestra con holgura,
ser un ser, que sabe amar,
y quien lo recibe,
se queda tan complacido,
que siente su día bendecido.

Cuanto falta me hace un abrazo,
para vencer la soledad,
que nos colme de tranquilidad,
y llene nuestras vidas de felicidad.

Siempre le pido a Dios,
que nos devuelva los abrazos,
para que en cada abrazo,
sepan lo mucho,
que significan para mí.

Después de superar,
la crueldad de este virus,
para terminar de curar,
las heridas de mi cuerpo,
y reparar los daños de mi alma,
le pido más que nunca a Dios,
que nos devuelva pronto los abrazos.

Un sueño

Anoche tuve un sueño,
del que no quería despertar,
eran momentos hermosos,
que hasta parecía realidad.

Caminábamos por la playa,
con los pantalones remangados,
sin zapatos y tomados de la mano,
pareciendo dos pichones,
tiernamente enamorados.

Entre risas y algarabía,
nos llegaba el agua fresca,
eran las olas que acariciaban,
todo el amor que te brindaba.

De rato en rato una ola,
sobre nosotros reventaba,
salpicando la frescura,
de todo un océano con dulzura.

Mientras más caminábamos,
me detenía a cada rato,
con los pies dentro del agua,
mis labios con pasión te besaban.

Con los ojos bien cerrados,
y mientras más te besaba,
nuestros cuerpos se encendían,
calentando todo el agua,
de todo un océano enamorado.

Después de un inmenso beso,
caímos rendidos en la arena,
el mar nos cubría con sus olas,
con una complicidad tan bella.

Lo que sucedió después,
iluminó el atardecer,
que al despertar de mi sueño,
agitado y aún sudoroso,
suspiré al recordarte,
jurando vivir para amarte.

Soñaré contigo París

Que inmenso placer,
pisar tus calles París,
que hasta el aire que respiro,
me roba un suspiro por ti.

Como no recordarte París,
si me traje un poco de ti,
muy emocionado llegué,
y ya, no me quise venir.

Cuando en el Puente del Alma,
me detuve un momento a rezar,
viendo la imagen de una princesa,
que me hicieron suspirar.

Desde el mismo Corazón de Jesús,
podía observar tu ciudad,
esa Torre Eiffel siempre impresionante,
el Arco del Triunfo y los Campos Elíseos.

Con tus calles olor a tabaco,
el humeante sabor a café,
el aroma suave de un chocolate,
y un crocante pan de baguette.

La mujer parisina embruja,
sus ojos turquesas hechizan,
aunque su mirada esconden,
cuando me miran,
pareciera que quieren decir,
lo que su boca prefiere callar.

La elegancia es cualidad,
de la belleza que es París,
arrancando mil suspiros,
a todo aquel que llegue a ti.

El Covid 19

Quién lo podría creer,
nadie lo pudo presagiar,
ni en pesadillas se hacía anunciar,
nadie lo esperaba llegar.

Apareciste de la nada en China,
amenazaste al mundo con tu ira,
y muy pronto nos caíste encima,
cambiando por completo nuestras vidas.

No son tus síntomas letales,
no es la fiebre, la tembladera,
la saturación o la tos,
que te llevan a la cama,
sin fuerzas ni ganas para nada.

Cuando el COVID decide atacar,
y diste positivo en el test,
sientes ganas de llorar,
al ver que todo el mundo,
se aleja, corre y se va.

Es parte de la supervivencia,
que se puede reprochar,
nadie se quiere contagiar,
total, la vida es así.

Tener el virus del COVID,
es quedarse solo en el camino,
tú solo, tendrás que luchar,
y sacar fuerzas de flaqueza,
de donde quizá, ya no haya.

Te entra un miedo terrible,
que quizá no vuelvas a ver,
la belleza de un nuevo amanecer,
con la sonrisa de tus hijos amados.

Como serás de cruel villano COVID,
que hieres de muerte el amor,
matas sin piedad la pasión,
rompes esquemas y apagas el amor.

Lo que termina de tumbarte,
son las noticias que te llegan,
de algún familiar, amigo o conocido,
que el COVID, ya se lo llevó.

Se acaban las fuerzas,
te aíslas del mundo,
te sientes como un leproso,
cuando te dejan la comida en la puerta,
tan solo tienes a Dios a tu lado,
esperando solo el milagro,
un milagro de amor.

El orgullo por perdón

Suspiraré siempre,
pero seguir llorando jamás,
porque si algo se ha ido,
otro mejor llegará.

Superaré mi duelo,
lloraré a mares,
me sentiré morir,
pero todo pasa en la vida.

Cuando la calma se imponga,
a la peor de las tormentas,
entonces tú ya verás,
de qué lado está Dios.

Cuando vuelva a sonreír,
te recordaré con cariño,
no soy nadie para guardar rencor,
a quien en algún momento,
me dio un poco de su amor.

Cuando te recuerde después,
así te encuentres ausente,
siempre te recordaré,
porque a mi lado te adoré.

El abrazo

Abrazo, donde estás que no te siento,
cuando más te necesito, no estás,
quiero sentir tu calor que me diga,
que no estoy solo en esta vida.

Abrazo, porque te alejaste de mí,
tan pronto, dejándome aquí,
que mal te hice que me castigas así,
sintiéndome solo y tan lejos de ti.

Abrazo, mi ser se siente desolado,
al ver que rehúyes de mi lado,
yo en silencio, callo y sufro sin enfado,
al verme privado de algo tan sagrado,
cuando con un abrazo, me sentía halagado.

Abrazo, quizá para cuando vuelvas,
yo, ya no me encuentre aquí,
para corresponder tan bello querer,
entonces tú ya verás,
cuanto me dolerá, no recibirte.

Abrazo, eres sentimiento de amor,
tú no tienes precio ni valor,
eres lo que manda el corazón,
tan puro y noble, que llena de emoción.

No lograste entender

Tu lejano recuerdo,
viene hoy a buscarme,
quizá sea un poco tarde,
porque ya te dejé de amar.

Me acuerdo cuando ayer,
me cansaba de decirte,
que llegué a tu vida,
para siempre amarte.

No me lograste entender,
lo mucho que te llegué a querer,
esperando juntos el atardecer,
y felices disfrutar de la vejez.

Como me duele verte marchar,
con tus maletas a otro lugar,
sin un amor que te sepa amar,
y sin saber a dónde llegar.

No fue culpa mía, lo debes saber,
cuando te insistía a más no poder,
que te cuides para el atardecer,
que no te mates por otros,
que no les importa, el volverte a ver.

La vida es ingrata como verás,
cuando eres joven y fuerte,
siempre tendrás familia,
amigos y hogar.

Pero lo has de recordar,
que los años pasan,
inevitables sin perdonar,
entonces todos mis ruegos,
tenían mucha verdad.

Si acaso,
los años llegaran sin piedad,
te verás tan sola en tu hogar,
que yo al encontrarte en soledad,
de tan solo verte, me pondré a llorar.

Poema 365

Cuando al despertar cada mañana,
al abrir mis ojos y ver la luz,
elevo mi mirada al cielo,
y le doy gracias a Dios,
pidiéndole a la vez,
un feliz día para ti.

Un despertar mío, es así,
todos los días de mi existir,
porque acordarme de personas así,
me hace muy feliz a mí.

Mis saludos que a diario,
te llegan muy temprano a ti,
no son un cumplido,
ni una mera costumbre,
son el sentimiento puro,
de un hombre humilde,
que aprendió a valorar la vida.

Al no ser una costumbre,
tampoco un cumplido,
entonces, qué es,
es el sentimiento noble y sencillo,
que sale de mi humilde corazón.

En ese TODO,
mismo baúl que esconde,
van mis buenos días,
mi abrazo del alma,
un te quiero,
un gracias por estar siempre ahí,
un gracias por existir y ser como eres.

Que al escribirte este poema,
te rindo homenaje a ti,
por la inmensidad de tu querer,
y la calidez de tu carísimo corazón.

Ahora ya sabes porqué,
365 días pienso en ti,
siendo un regalo para mí,
el poder llegar a ti.

Volverte a ver

Mi querida tierra mía,
yo quiero llegar a ti,
para vivir la vida,
la que me quede a mí.

Quiero vivir contigo,
y darte todo mi amor,
recuerda que al marcharme,
dejé medio corazón en ti.

Al volver a pisar tu tierra,
te daré el doble de mi amor,
porque se juntarán de nuevo,
con la otra mitad del corazón,
que me permitió vivir,
reclamándome siempre,
que no renuncie jamás,
algún día regresar.

Con mi corazón entero,
volveré feliz contigo,
por eso, volver a verte,
es lo que más quiero hacer.

Solo quiero saber

Yo solo quiero saber,
en cuál de las estrellas estás,
para salirte a esperar,
y así, poderte contar,
las penas de mi corazón.

Cuanta falta me haces papá,
ya no tengo con quien conversar,
para contarte mis sueños,
y mis planes por realizar.

Tú que me supiste escuchar,
y tus sabios consejos dar,
ahora que no te encuentra mi mirar,
solo me queda llorar.

Pero quiero decirte esta vez,
que aunque no te pueda ver,
te siento siempre a mi lado,
queriendo mis problemas resolver.

Por eso padre querido,
te llevo en mi corazón,
solo te pido que esperes,
para volvernos a ver.

Madre de mi vida

En este domingo de mayo,
correr a tus brazos quisiera,
para decirte muy quedo al oído,
lo tanto que te amo madre mía.

Desde que en tu vientre me engendraste,
los latidos de mi corazón te hacían feliz,
acariciabas tu vientre joven,
sintiendo desde ya,
la inmensidad del amor de madre.

Cuando me diste a luz madre mía,
me entregabas tu amor y tu dulzura,
mil caricias y besos con ternura,
hacían de mi vida una hermosura.

Te vi sufrir cuando caía,
corrías a levantarme,
quedándote feliz si sonreía,
para con un abrazo,
saber de tu alegría.

Aun siendo grande me decías,
seguía siendo tu bebé que un día,
llegué a su vida por la mañanita,
alegrando siempre su vida.

Por todo eso madre mía,
quiero decirte en este día,
que eres toda mi alegría,
y te juro que viviré,
para amarte, toda la vida.

Una pena

Todos llevamos una pena,
dentro, muy dentro del corazón,
no me dirán que no,
porque la vida es así.

No es para ponerse triste,
ni para ponerse a llorar,
son cosas de la vida,
que nadie podrá cambiar.

Para desahogar esas penas,
buscamos siempre la soledad,
donde nadie nos vea,
cuando queremos llorar.

No es cobardía llorar,
hace más noble al corazón,
cuando con una lágrima,
lava las penas del alma.

Para mitigar mi tristeza,
me retiro a un rincón del alma,
me refugio en mi soledad,
hasta botar toda la tristeza,
que atormenta mi corazón.

Después más sereno y calmo,
corro a escribir versos bellos,
para dedicárselos a la vida,
de quien enamorado estoy.

Capitán barrendero

No lo necesito aquí,
yo no lo he pedido,
me dijo un general un día,
nunca me habían tratado así.

Por la tarde me mandó a llamar,
mientras su edecán me decía,
que su carácter era así,
y pronto me llegaría a querer.

Estará a cargo de las estructuras,
impecables deben ser los resultados,
y me construirá un vivero,
fueron las indicaciones tajantes,
las que me daba mi general.

A partir de ese momento,
muy seguro, me puse el overol,
a mi gente la eché al hombro,
y comenzamos todos a trabajar.

De los trabajadores, hice una familia,
del trabajo una devoción,
del capitán, un trabajador más,
del liderazgo, un ejemplo,
y de todos, la humildad.

Los éxitos de mi equipo,
fue simple, pero eficaz,
yo siempre a la cabeza,
escoba en mano y sin complejos,
con mi gente, siempre a mi lado.

Yo conversaba con mi gente,
con mi trato humano y justo,
los comprometí a trabajar,
y ellos, nunca me fallaron.

Nuestro trabajo noble,
con su capitán a la cabeza,
comenzó a trascender,
traspasaron los muros del cuartel,
del trabajo del capitán barrendero,
y sus gladiadores que morían por él.

Llegó una gran ceremonia,
trabajamos duro y sin parar,
mi gente trabajó feliz a cien,
sintiéndome orgulloso poderlos liderar.

Al día siguiente del evento,
junto a su Estado Mayor,
el general que un día me botó,
se deshacía en halagos y elogios,
reconociendo y agradeciendo,
nuestro trabajo silencioso y leal.

No me había imaginado jamás,
el gran poder de una escoba,
el pundonor de su gente,
y el liderazgo de su capitán,
que se despojó de todo,
logrando a todos conquistar.

El retiro

Jesús, hace un año te pedí,
encontrarme contigo y ser feliz,
pero pasó tanto tiempo que creí,
que te habías olvidado de mí.

Después de pedirte un retiro para mí,
cuando llegó el momento de asistir,
mil trabas encontré para no ir,
pero al final, más pudo tu poder.

Comencé a sentir cruel agonía,
sintiendo que mi corazón desfallecía,
cuando los problemas del día a día,
querían acabar con mi vida.

Pero un día, un ángel tuyo, vino hacia mí,
trayendo la noticia que quería oír,
Dios quiere verte y escucharte a ti,
irás a un retiro, me dijeron a mí.

Cada catequista en su intervención,
con sus testimonios llenos de emoción,
estremecieron de gozo mi corazón,
con cosas tan simples,
que al ponerles atención,
me doy cuenta de la grandeza,
que hoy nos regala Dios.

Con ilusión, y espíritu de cambio,
se vive verdadera hermandad,
Dios bendiga a cada integrante,
hermanos de Juan XXIII,
tan llenos de bondad.

Hoy quiero decirte a ti,
desde que llegué aquí,
encontré una familia para mí,
sintiéndome tan feliz,
que no quiero irme de aquí.

Ceviche Arigato

Cuando el destino te aleja,
de la tierra que te vio nacer,
no hay dolor más grande en tu ser,
que te pide, un pronto volver.

Si no tienes para escoger,
empieza pronto a ver,
las delicias que dejaste de comer,
preparados por tu madre,
con su inmenso querer.

Qué importa que lejano esté,
para recordar mi Perú que dejé,
después de tanto buscar,
los deleite que dejé de probar,
aquí en Northlake lo vino a encontrar,
Ceviche Arigato, conquistó mi paladar.

Aquí encontré la sazón,
el calor de hogar y la amistad,
que deleitan mi paladar,
haciéndome sentir,
como si fuera mi hogar.

La finura y dulzura al tratar,
desde que llegas, hasta que te vas,
son virtudes que debo resaltar,
de este equipo, que sí sabe trabajar.

Las cosas buenas,
se tienen que decir,
y sus nombres, se tienen que oír.

Roberto, Rosmery y Jaymi,
Jorge, William y Milo,
Jhony, Josué y Benjamín,
personajes que me han inspirado,
la gratitud a mi Patria amada,
que ustedes, la representan aquí.

Ceviche Arigato, me dirijo a ti,
porque cada vez que vengo aquí,
encuentro una parte de mi Perú en ti,
donde al sentirme tan feliz,
yo, no quisiera irme de aquí.

No logro entender

Como olvidar mi niñez,
si pareciera que fue ayer,
cuando corría entre guayabales,
sin saber que a los años,
me alejara de su querer.

Hoy, y ya viejo,
sueño con volverte a ver,
todo el tiempo estuve sin entender,
porque el destino cruel,
me tenía que detener,
todas las veces, que quería volver.

Ahora con canas y arrugas,
quiero a tu lado volver,
no sé si ahora los guayabales,
tengan ese mismo atardecer.

Ahora sin padre ni madre,
tengo miedo de volver,
no verlos y sentir su querer,
será muy triste recordar el ayer.

Lo que no logro entender,
porque se fueron de pronto,
eligiendo ambos el amanecer,
como cuando madrugaban,
para entregarnos todo su querer.

Qué duda cabe

Me llegaron tres ángeles prodigiosos,
los tres derrochaban amor,
ángeles de luz, desbordando belleza,
volviendo a iluminar mi sendero sin luz.

Como si lo supiera bien,
de sonrisa tierna y hermosa,
trato amable, dulce y cordial,
parecía estar en el mismo edén.

Su dulzura y encanto al tratar,
dicen mucho de sus padres y su hogar,
su fineza y trato amable al conversar,
es muy difícil, en estos tiempos encontrar.

Los ángeles que me envió Dios,
no necesitan conocerme ni presentación,
pareciera que en otros tiempos,
ya nos había unido Dios.

Quiero emocionado gritar,
Darcy, Kathy y Zulay,
así, se llaman mis ángeles,
que sin su apoyo y amor,
no hubiera vuelto a sonreír.

Dios bendiga a mis ángeles,
mi eterna gratitud y amor,
rezaré para que no se agote jamás,
la dulzura y el encanto,
que ellas tienen de más.

Tiempos de bohemio

En mis tiempos de bohemio,
en una mesa de cantina,
con un grupo también de bohemios,
con sus miradas intrigantes,
uno de ellos se atreve a preguntar,
dime poeta, que es poesía.

Para hablar de poesía, me pongo de pie,
porque la respuesta que hoy les daré,
amerita respeto, admiración y atención,
porque hablar de poesía, es también,
rendirle mi homenaje otra vez.

Miren amigos míos,
si tanto quieren saber,
lo que es una poesía,
se los diré en este momento,
y créanme que lo hago muy contento.

Poesía, es el amanecer de un nuevo día,
es el beso amoroso de tu madre,
son los abrazos tiernos de tus hijos,
son los recuerdos vivos del primer amor.

Poesía, es la inmensidad del mar,
que en cada ola te quiere abrazar,
viene acariciarte los pies cansados,
te besa, te toca y se va.

Poesía es la Luna, en todo su esplendor,
es el Sol que nos regala su calor,
son las estrellas que nos iluminan,
el camino en esta vida con amor.

Poesía es el trinar de pajarillos,
son los huertos con fruta fresca,
la palmada en la espalda de un amigo,
el abrazo fuerte de tu anciano padre.

Poesía, es la belleza y el encanto,
de una dama por la calle,
la que con mirada coqueta,
y su andar deslumbrante,
te arrancan suspiros por doquier.

Poesía, es la mujer santa,
la que te trajo al mundo,
te cubrió de besos y mimos,
a la que le llamas mamá.

Poesía, eres tú, mi hermano,
porque eres la mejor obra de Dios,
que con tu pregunta, iluminaste el día,
porque con tantos amigos juntos,
me inspiraste a recitarte esta poesía.

Yoco

Abrazado a la rokola en un bar,
repetía mil veces la misma canción,
mientras sumergido en el alcohol,
sufría terrible decepción.

Y pensar que yo te di mi juventud,
los mejores años de mi vida,
dice la letra de "*Resignación*",
que así, se llama esa canción.

No sabía cómo mitigar mi dolor,
recordaba ese cuadro infame,
cuando a la que tanto amé,
en otros brazos la encontré.

Mientras me destrozaba la vida,
alguien confundida me observaba,
acercándose a mi mesa después,
para entristecida preguntarme,
porqué tomas tanto, deja de llorar.

Con mi voz seca y descortés,
le dije que me dejara en paz,
que ya no creía en la mujer,
porque al final nos pagan mal.

Insistió en que no tomara,
si me cuentas tu tanto dolor,
yo te daré los consejos,
para que tus penas, puedas aliviar.

Un día que llegué al bar,
me recibió con la misma calidez,
pero me dijo clarito esta vez,
hoy no te venderemos licor,
si primero no hablamos,
y desahogar ese dolor.

Me rendí ante insistencia sin igual,
y nos sentamos a conversar,
hablé tanto que me puse a llorar,
ella me ofreció su hombro,
y allí, mis penas las pude desahogar.

Después de ese momento tierno,
que más parecía una película,
no tuve necesidad de beber,
solo quería ir a verla y agradecer,
por la vida hacerme entender.

Después de un tiempo,
le declaré mi amor,
aunque sus padres por su origen,
querían un yerno japonés,
me gané pronto su cariño,
y el amor de su única hija,
una preciosa nipona,
que con amor me libró,
de las garras del alcohol.

Hasta ahora vivo pensando,
que sacrificó el amor que me tenía,
que para librarme a mí,
de algunos inconvenientes,
nos alejamos los dos,
no volviéndonos a ver.

Sin embargo y por siempre,
la llevo en mis oraciones,
y dentro muy dentro,
en mi agradecido corazón.

Pidiendo por siempre a Dios,
que cuide a mi Yoco querida,
porque en los peores momentos,
fue el ángel, que con su amor,
y su carácter oriental,
que me supo salvar mi vida.

Sueño cumplido

Hoy me levanté feliz,
después de tanto esperar,
tenía a la mujer amada,
cerca muy cerca de mí.

Las aves cantaban diferente,
alegrando el paisaje verde,
pareciendo la mañana más alegre,
cuando corría para verte.

Al ir a tu encuentro,
saltando de contento,
te abracé fuerte muy fuerte,
que nos quedamos sin aliento.

Quiero tomar desayuno contigo,
te llevaré donde siempre quise ir,
pero antes, nunca se dio,
porque Dios, quería que sea hoy.

Después la invité a caminar,
la arena fresca de la playa,
nos invitaba a los dos,
para tomados de la mano,
mi sueño, poder realizar.

Con un concierto de gaviotas,
y cientos de pájaros pequeños,
parecía que nos indicaban,
por dónde, felices caminar.

Entre risas y algarabía,
te di mis besos guardados,
guardados para dártelos a ti,
desde aquel sueño, que me hizo feliz.

Gracias amada mía,
por hacerme ver que estoy vivo,
por hacer, que lo que soñé un día,
hoy contigo a mi lado,
y después de tanto esperarte,
por fin, se hicieron realidad.

Uchumayo

Siendo muy niño aún,
triste veía cargar un camión,
eran las cosas de mis abuelos,
mamá, a dónde se va el abuelo,
le pregunté dentro de mi confusión.

A Uchumayo hijo mío,
me respondió entre sollozos,
quedando desde ese día,
grabado, Uchumayo en mi corazón.

Tiempo después, llegamos de visita,
mientras corría abrazar a mi abuelo,
me sentía feliz de conocer Uchumayo,
lugar tan bello donde nació,
mi madre querida.

Al saber que mi madre nació aquí,
y ahora mis abuelos viven allí,
te empecé tanto a querer,
que sueño con volverte a ver,
para escribirte mis poemas,
mientras observo el atardecer.

Mientras más pasaba el tiempo,
más crecía mi amor por ti,
para ahora, con canas y arrugas,
escribirte este poema para ti.

Uchumayo, valle verde y hermoso,
de tus rocas brota agua cristalina,
tus fértiles tierras son la esperanza,
eres despensa de la gran ciudad,
de huertos de fruta rica y diversa,
que es encanto de todo aquél,
que feliz, te viene a visitar.

Tus cerros guardan las reservas,
de la riqueza de tu mineral,
por eso con justicia te dicen,
la cuna del cobre de Perú.

Son tus canteras un tesoro,
con que construiste la ciudad,
a la que llaman Ciudad Blanca,
Arequipa, el León del Sur.

Recibes con los brazos abiertos,
al forastero que te viene a visitar,
lo recibes con un jarro de chiumbango,
brindando por él, al verlo llegar.

Por un lado Salaverry,
por el otro Santa Cruz,
dejaron muchas trincheras,
pero sin ninguna cruz,
dice la letra de una bella canción,
de un poeta y escritor enamorado,
que amaba tanto Uchumayo,
la tierra de su corazón.

Uchumayo con su pueblo tradicional,
con Cerro Verde, Congata y El Huayco,
Tinajones, Mollebaya y Quishuarani,
Socosani, La Rinconada y El Cural.

Hoy de pie, reverentes a ti,
te rinden su cálido homenaje,
porque eres un distrito pujante,
que siempre mira y va hacia adelante.

Después de los 40

Un día que te quise ver,
me dijiste en un mensaje,
te prometo vernos mañana, disculpa,
hoy no tengo ganas de salir.

Lo que tú no sabías mi amor,
es que no estabas tan lejos,
ahora te tenía muy cerca de mí,
entonces, tomé aire y salí a verte.

Al encontrarte con ropa de dormir,
me sentí muy feliz,
porque así, es como sueño contigo,
sin pintura y sin maquillaje,
que a ti no te hacen falta,
para verte bella y hermosa.

Lo que la mujer no sabe,
es que cuando se es natural,
se ve más sensual y preciosa,
que arranca suspiros del alma.

Al amanecer de cada día,
nos despertamos así,
como somos y con lo que tenemos,
pero, créanme por favor,
son el reflejo tierno y hermoso,
de la mejor obra de Dios.

Si quiere la vida,
adornarnos con unas canas de más,
no te sientas mal,
que es la nobleza del alma,
de los años vividos en paz.

La mujer después de los cuarenta,
se pone bella y espectacular,
porque con canas y arrugas,
se siente orgullosa,
por la experiencia grandiosa,
que Dios y la vida le dio.

Son como una fruta fresca,
que mientras más madura,
es más dulce y jugosa,
que comerla, siempre provoca.

Juntos caminar

Son las tres y no logro conciliar,
el sueño, para luego descansar,
quisiera levantarme y caminar,
buscar a alguien, que me quiera escuchar.

Tengo tantas cosas que contar,
hablar y hablar para desahogar,
esta soledad que me quiere atrapar,
y no parar hasta verme llorar.

Necesito tener a mi lado, para amar,
a quien poderla adorar,
y si tiene paciencia para escuchar,
le besaré los pies ante un altar.

Me dan ganas de salir y gritar,
que mi corazón no quiere estar,
sin alguien a quien poder amar,
tomarla de la mano y caminar,
con los pies mojados en el mar.

Ven para juntos andar,
agarrados de la mano y disfrutar,
lo que nos da la vida al despertar,
y darte un beso, que te haga suspirar.

No quiero ir a otro lugar,
que no sea nuestro hogar,
lo que haremos y programar,
lo que nos quede por caminar.

Me cantaste las mañanitas

Hoy en la primera luz del día,
mi madre me cantó con alegría,
las mañanitas en mi día,
sintiendo que Dios me bendecía.

Cuando me cantabas con emoción,
no es que no te ponía atención,
fue tanta mi emoción,
que lloraba mi corazón.

En los recuerdos que al nacer,
ese tres de febrero al amanecer,
los que me contabas con placer,
me hacían una vez entender,
la inmensidad de tu querer.

Cuando mi ser se ve desolado,
aunque estando lejos de tu lado,
escribo mis versos emocionado,
con cada suspiro que voy dando,
los envío con el viento helado,
que corre veloz a tu lado.

Gracias madre querida,
por regalarme tanta alegría,
lo que me llena de dicha,
como cuando llegué aquel día,
en que me diste la vida.

Cuatro tablas

Cuando siendo niño aún,
tenía miedo,
ver a mi padre envejecer,
quería que siempre fuera joven,
porque nunca lo quería perder.

Cuando decía de manera jocosa,
que ya lo esperaban cuatro tablas,
ni en broma lo quería aceptar,
entonces me retiraba,
y en un rincón me iba a llorar.

En un almuerzo con las tías abuelas,
Salomé, Leonor y Rosalía,
cuando se dejaba la formalidad,
por su carácter serio y recto,
todo marchaba al compás,
y sin bromas que festejar.

Pero mi padre comentando,
mis sentimientos nobles,
es cuando les quiso demostrar,
lo inmenso de mi querer.

Ya en la sobremesa dijo,
cuando esté entre cuatro tablas,
yo miré a las tres tías,
agaché la cabeza y me puse a llorar.

Javier, no pues, dijo la tía Salomé,
si sabes que le hace daño,
no lo hagas, dijo mi tía Leonor,
mientras mi tía Rosalía,
con un abrazo me consolaba.

Recuerdo que desde ese día,
mi padre les prometió,
no volver a bromear así,
él, cumplió su palabra,
y no lo volvió hacer.

Entre bordos y frutales

Valle de Quishuarani, cuanto te amo,
que al estar lejos, más te valoro,
porque cuando te dejé, valle querido,
se quedó prendido en ti,
un pedazo de mi corazón.

Quishuarani valle amado,
nunca olvidaré tu pasado,
recordando gente tan querida,
que dieron honor a tu legado.

La Banda, el Trapiche y Orco Pampa,
la Palma, Agro Vid y la Capellanía,
como quisiera retroceder el tiempo,
para recorrer tus caminos,
calmar la sed con un chimbando,
y entre bordos y frutales,
saborear las brevas y guayabas.

Como olvidar el tren y la estación,
las fiestas a la Santísima Cruz,
las trillas, las yuntas y los carnavales,
donde unidos como hermanos,
juramos, nunca separarnos.

Quishuarani mi valle hermoso,
como no he de admirarte,
si tu tierra viene cobijando,
cinco generaciones caminando,
dejando semillas a su paso,
para perdurar en el tiempo,
con hijos que te siguen amando.

Perfume de mujer

Por el perfume de una mujer,
perdí la noción del tiempo,
y todo lo que tenía que hacer,
para seguir hechizado.

Me he pasado diez paraderos,
esperando con ansias,
a que se bajara del bus,
y preguntarle sin temor,
lo que tanto quiero saber.

Disculpe usted bella señora,
con el respeto que me inspira,
preguntarle quiero ahorita,
como se llama el perfume,
que seguirla me invita.

No quiero ser descortés,
ni hacerla perder su tiempo,
pero al sentir el aroma,
que regala en su andar,
abordarla me provoca,
para escuchar de su boca,
el nombre del perfume,
que de verdad me aloca.

Si soy atrevido perdón,
pero mi condición de varón,
no puedo perder la ocasión,
de felicitarla por la decisión,
de elegir un perfume,
impregnado de pasión.

Ahora que la veo a usted,
con su carita sonrojada,
regalándome una sonrisa,
temblorosa pero feliz,
quiero decirle emocionado,
que se ve más bella así.

Con la esperanza de volverla a ver,
permítame darle un beso,
para que quede impregnado en mí,
la fragancia de ese perfume,
ese perfume de mujer.

Con versos y miradas

Cinco esquinas y el buque,
miró Quesada y su callejón,
el bar los Moluscos,
y la esquina del japonés.

Eran los lugares,
por los que solía recorrer,
y que fueron testigos,
de mi vida, el ayer.

Enamorado empedernido,
sin reparos en resaltar,
las cualidades de alguna dama,
que se cruzara en mi andar.

No me arrepiento de nada,
fui muy querido y amado,
y por las mujeres consentido,
que recordando esos amores vivo.

Fui bohemio, orador y poeta,
que con mis versos enamoraba,
con una mirada cautivaba,
y con un beso, mi amor sellaba.

Ahora viejo y cansado,
y sin causar a nadie enfado,
quiero en mis versos halados,
contarles parte de mi pasado,
que los tenía en un baúl guardados,
con siete llaves y lacrados.

Como un día te soñé

Cuando a escribir me siento,
en la mesa de un café,
te imagino a ti sentada,
siempre a mi lado,
como un día te soñé.

Que, al verte de reojo,
mientras la inspiración,
a escribir me invita,
te veía, sonreír enamorada.

Como disfrutaba lo que hacía,
porque en mis versos te decía,
quiero que estés a mi lado,
para amarte toda la vida.

Mientras escribía embelesado,
te recité un poema enamorado,
donde temblorosa y sonrojada,
me diste un beso apasionado.

Cuando llegue la tarde,
y con más ganas para amarte,
querré mil versos recitarte,
para que tú, de mi lado,
jamás vuelvas a apartarte.

Por todo ello prenda mía,
seguiré escribiendo mientras viva,
porque contigo a mi lado,
seré feliz toda la vida.

Quisiera saber

Quisiera saber,
si te despiertas por la madrugada,
y no puedas conciliar el sueño,
por pensar tanto en el amor,
ese amor, que guardo para ti.

Quisiera saber,
si al llegar la tarde,
con un suspiro del alma,
te acuerdas también de mí,
como lo hago yo por ti.

Quisiera saber,
si extrañas mis llamadas,
todos los días por la mañana,
como las extraño yo,
cuando me levanto de la cama.

Quisiera saber,
que te dice el corazón,
cuando suena por la radio,
alguna bella canción,
que nos solíamos dedicar.

Quisiera saber,
si aún levantas la mirada,
para ver la Luna enamorada,
o te invadirán remordimientos,
de no saber que decir,
cuando te pregunten por mí.

Quisiera saber,
que le dices a tu corazón,
cuando sola y entre suspiros,
te acuerdas de mi lejano amor,
que aunque esté lejos,
no te deja de querer.

Quisiera saber,
si aún queda en tu corazón,
un poquito de tu querer,
para seguirte esperando,
para tenerte a mi lado.

Estoy vivo

Cuando ves pasar los años,
te miras al espejo que delata,
las arrugas, las canas y cansancio,
te pones triste y serio,
porque la vejez, viene galopando.

Pero si con canas y arrugas,
cuando pensabas que los años,
te arrancaron la alegría,
y las ganas de seguir viviendo.

Ves un día aparecer de pronto,
un ser maravilloso y bueno,
que a primera vista,
iluminó de amor mi vida.

Mi corazón se encendió,
volvió a latir con intensidad,
mi rostro se iluminó,
convirtió mi tristeza en alegría,
una alegría que duraba,
toda la noche y el día.

Al llegar el momento de tocarla,
sentir el calor de su cuerpo,
los latidos del corazón se hacían intensos,
entonces dije en un suspiro,
gracias a Dios, estoy vivo,
y con ganas de seguir queriendo.

Ahora al recordarte,
estoy seguro de decirte,
que tú también sentiste,
lo que yo sentí, en ese momento.

Cuando te abrazaba,
besándote en la boca,
recorriendo de canto a canto,
la dulzura de todos tus encantos.

Tierra mía

Más que por un error,
creo que me despertó el amor,
de verte tierra querida,
con tu amanecer lleno de esplendor,

Con un poco de frío,
me llegó pronto el calor,
viendo tu bello amanecer,
llegar a mi corazón.

Al observar de tiempo tu volcán,
sentía que me quería abrazar,
queriéndome algo reclamar,
porqué tardé tanto en llegar.

Al verte mi Arequipa querida,
mi corazón salta de alegría,
porque no hay cosa más linda,
que regresar a verte un día.

Cuando te tuve que decir adiós,
aquí se quedó algo de mí,
que al andar por el mundo,
en tierras muy lejos de ti,
me invadía la nostalgia,
que me pedía volver a ti.

Ahora que estoy aquí,
siento muy dentro de mí,
que nunca alejarme debí,
y privarme de ese amor,
el que guardas para mí.

Si lo nuestro se acabara

Si lo nuestro se acabara,
no lo quiero ni pensar,
porque para un hombre que se entrega,
y te da todo su gran amor,
es una herida casi mortal.

Si todo se llegara a acabar,
se habrán muerto también,
todos los sueños guardados,
para vivirlos junto a ti.

Si lo nuestro se acabara,
vagaré sin rumbo por la playa,
le preguntaré a las gaviotas,
si hoy te vieron llegar,
recordando que ellas nos vieron,
caminando de la mano a los dos.

Si lo nuestro se acabara,
le preguntaré a las olas,
si te vieron más temprano,
porque desde que llegué,
no te encontraba mi mirada.

Si lo nuestro se acabara,
no tendré que preguntarle nada,
a la Luna que antes nos observaba,
porque no sabría qué decirle,
que por una torpeza mía,
ese amor se terminaría.

Si lo nuestro se acabara,
me retiraré en silencio,
caminaré de regreso a casa,
y viviré pensando siempre en ti,
aunque no estés a mi lado para amarte.

Si lo nuestro se acabara,
solitario y triste, te diré adiós,
aunque todos los días,
viva pensando en ti.

Cuando llegue a tu lado

Cuando llegue a tu lado vida mía,
recorreré tus encantos escondidos,
tocaré con mis manos tu hermosura,
y me deleitaré ver cerrar tus ojos chinitos.

Con besos de mi amor descontrolado,
despertaré tus partes dormidas,
saborearé el elixir de tu vida,
acariciando tu cuerpo embelesado.

Te susurraré al oído dulcemente,
te pediré me entregues tus encantos,
te iré besando enteramente,
hasta convertirte en mi Eva apasionada.

Acariciaré tu pelo con ternura,
te iré desnudando con lujuria,
te pegaré junto a mi pecho desnudo,
mientras te beso con locura.

Nos encontrará desnudos el nuevo día,
abrazados y extasiados de placer,
el olor a hembra en primavera,
nuestras ropas tiradas en el suelo,
quedarán las sábanas de testigo.

Viviremos juntos las estaciones,
todas, en una sola noche,
beberé tus manjares bien guardados,
y me embriagaré de amor muy excitado,
viviré después, recordando tus quejidos,
en cada grito, dado conmigo.

Navidad

Con el apoyo de mi gente,
con panetón y chocolate,
llevar un poco de alegría,
a los niños huérfanos ayacuchanos.

Si hubieran visto esas caritas,
parecía que no lo creían,
poniéndose después tan felices,
que sentía desde el cielo,
que hasta Dios se sonreía.

Al ver la felicidad de los niños,
huamanguinos en Navidad,
me invaden los recuerdos,
cuando me tocó trabajar con mi gente,
gente hermosa que nunca olvidaré,
los admirables Roderos de Perú.

Es Navidad, el cumpleaños de Jesús,
y hasta diría yo,
el reencuentro de esos niños,
con la familia añorada,
familia, que no llegaron a conocer.

Quién no anhela regresar a casa,
sobre todo cuando es Navidad,
por eso sigo pensando,
que la Navidad no tendría ningún encanto,
si no vemos a los niños sonreír.

Navidad motivo de alegría,
por los que están a nuestro lado,
y una oración solemne,
por los que volaron a la eternidad.

Cuando llega la Navidad,
recuerdo mi niñez con intensidad,
porque tenía conmigo a mamá y papá,
y si algo no teníamos,
con su amor lo compensaba.

Navidad donde todo es amor y bondad,
y donde nos damos cuenta,
cuánto valen los gestos,
los gestos de buena voluntad.

Navidad es compartir,
compartir es amor,
amor es lo más sublime,
que nos regala el corazón.

Hoy me levanté temprano,
porque llegó la Navidad,
iré a comprar muchos regalos,
para los niños que no tienen papá.

Escribo con el corazón

Si a estas alturas del camino,
le pongo corazón al escribir,
la publicación de cada libro,
es un regalo dedicado,
a quienes llevo en el corazón.

Va dedicado a papá y mamá,
y a mis ancestros tan queridos,
quiero que llegue al cielo,
esa alegría que yo siento.

Quiero llegar a mis padres,
en cada verso que escribo,
para que sonrían felices,
y disfruten lo que yo digo.

Escribo con el corazón en la mano,
en los espacios que me queden,
y cuando las fuerzas me ayuden,
para hacer lo que más quiero,
en esta vida de ilusión.

Quiero a todos mis ancestros,
regalarles mucha alegría,
al mencionarlos en cada historia,
y en los versos de una poesía,
para que se sientan vivos,
y me acompañen mientras vivo.

A mis ancestros,
el tenerlos presente,
es demostrarles gratitud,
por todo lo que sembraron,
dentro de mi corazón.

Al escribir y nombrarlos,
vivirán por siempre aquí,
porque hicieron el camino,
que me permiten llegar,
a donde siempre quiero ir.

La estación del tren

Hoy llevé muy temprano,
a mi hija a la estación,
tenía que tomar el tren,
que la llevaba a la Universidad.

Volví a sentir la sensación,
cuando era muy niña,
a lo largo de los tiempos,
la iba a dejar al nido,
a la escuela y al colegio.

Mientras más crecía,
mayor responsabilidad asumía,
los retos y obligaciones también,
como cuando ya en otro país vivía.

La vi subirse en un bus,
sin conocer a nadie,
ni el lugar donde se dirigía,
solo tenía la seguridad,
que a su colegio se dirigía,
y eso muy feliz me hacía.

Ahora ya adulta y más bella,
tenía que viajar tres horas,
pero veía que lo hacía feliz,
me voy a la "U" lo repetía,
sin importarle la travesía.

Sacó su boleto llena de alegría,
yo nervioso solo le sonreía,
nos dimos un fuerte abrazo,
yo, le di mi bendición,
y abordó el tren con ilusión.

Yo, no me quería mover,
me quedo hasta ver perderse el tren,
sintiendo el orgullo de padre,
ver en mi hermosa hija,
tantos deseos por triunfar.

Como no dar gracias a Dios,
si mis hijos son la bendición,
que van logrando sus metas,
con base de esfuerzo y tesón.

Rumbo al Cañaveral

Si para ti rememorar,
cómo se hace una canasta,
mientras pones leña nueva,
y enciendes el fogón.

Al salir y de volada,
tomar un puñado de tostado,
y otro de higos secos,
para mitigar tu hambre.

Tratando de imaginar el momento,
cierro mis ojos lentamente,
y los recuerdos lleguen a mi mente,
no pudiendo una lágrima evitar.

Si los recuerdos de la vida,
en nuestro largo caminar,
pudiendo ahora asegurar,
que fueron tiempos tan bellos,
para nunca poderlos olvidar.

Sacar el filo al machete,
elegir las mejores cañas,
tejerlas con destreza extrema,
y hacer una hermosa canasta,
en la que llevarás después,
las frutas más selectas,
para dárselos a mamá.

Con brevas, granadas y peras,
estrenando canasta nueva,
llegas complacido a casa,
donde tu madre, te espera feliz.

Qué tiempos aquellos verdad,
que hoy con canas y arrugas,
al volver a caminar por esos campos,
mantienes vivos esos recuerdos,
de tiempos tan hermosos,
de tiempos que no volverán.

Tiempos de esplendor

La luz del día llegó,
la Luna perdió su esplendor,
pareciera que le faltaba amor,
marchándose, hacia otro rincón.

La Luna nos deja una bella lección,
no siempre en la vida todo es esplendor,
hay momentos de total confusión,
caminando solo, sin encontrar razón.

Cuando tu presencia irradia amor,
te sientes feliz y sin ningún temor,
pero cuando sientes que hay desamor,
el corazón se desangra de tanto dolor.

En tus tiempos de esplendor,
todos te llaman señor,
tienes lo que quieres a tu disposición,
pero si acaso caes, no tienen compasión.

Cuando tu camino veas opacar,
a nadie le importa tu andar,
y al no poder decir nada, ni reclamar,
entonces escribe poemas,
para tu dolor calmar.

Cuando tú quieres dar amor,
eres como la Luna en su esplendor,
pero cuando cambias, no sé porque razón,
es que perdiste ese precioso resplandor,
que hiere de muerte a mi corazón.

Pedro

Me apretaba con sus manos,
fuertemente ambos cachetes,
me daba un beso en la frente,
y en su mirada yo veía,
cuanto me amaba mi abuelo.

Era costumbre que tenía,
te quiero tanto me decía,
y cuantas veces lo repetía,
sintiendo desbordar su alegría.

Ahora que tengo nietos,
más te valoro abuelo,
como quisiera tenerlos cerca,
para entregarles todo, lo que tú,
me enseñaste a ser como abuelo.

Tú me preparabas el camino,
con cada beso que me dabas,
para cuando me toque ser abuelo,
yo sea igual, con mis nietos.

Cuando siendo sargento,
en mi servicio militar,
fuiste un día a conocer mi cuartel,
tú eres mi general,
me lo dijo en un tono,
bastante particular.

Pero el destino, no le dio tiempo,
para que me viera de oficial,
se hubiera sentido dichoso,
y orgulloso como tal.

Gracias por siempre abuelo,
hoy al recordarte a ti,
quiero tanto a mis nietos,
igual, como me quisiste a mí.

Ahora muy pronto al ir,
a visitar a mis nietos,
quiero llevarles ese amor,
que un día, lo recibí de ti,
que lo guardo como un tesoro,
en un lugar muy especial,
muy dentro de mi corazón.

Cuando me ausente

Cuando un día yo me ausente,
no es que haya dejado de querer,
eso jamás, porque te amo eternamente,
mi amor no fue para un día,
el amor que te daba era para toda la vida.

Cuando un día yo me ausente,
lo haré con el corazón destrozado,
porque no querré ser el hombre,
que por su amor incomprendido,
te causará algún dolor.

Cuando un día yo me ausente,
me llevaré conmigo los recuerdos,
de los momentos tan hermosos,
que disfruté contigo a mi lado.

Cuando un día yo me ausente,
vivirás conmigo eternamente,
en silencio te amaré siempre,
y estaré de ti siempre pendiente.

Cuando un día yo me ausente,
comprenderás mi reacción de repente,
es que me vendrá a la mente,
cuando decías que lo tuyo era ser libre,
tan libre como el viento.

Quiero que estés feliz y tranquila,
libre como mariposa que acaricia el viento,
para cuando de mi te recuerdes,
suspires de amor en ese momento.

Yo en cambio seguiré escribiendo,
para en un verso decirte lo que siento,
que pienso en ti dormido y despierto,
y que los besos que me diste un día,
los sigo saboreando con alegría.

Tengo ganas de salir corriendo,
ir a buscarte y a gritos llamarte,
para que te vengas a mi lado,
te pediré perdón, si te hice daño,
y darte mi amor, para ti guardado.

Quiero devolverte tu espacio reclamado,
por eso con dolor no te llamo,
y tampoco he corrido a buscarte,
a pesar que me muero por escucharte,
y traerte prontamente a mi lado.

Si decides volver algún día,
tenlo siempre muy presente,
que te estaré esperando todavía,
para consentirte y amarte,
para toda la vida.

Y si decides no volver conmigo,
recuerda que siempre te amaré,
te imaginaré teniéndote a mi lado,
caminando, tomándote de la mano,
y entregarte mi corazón enamorado.

Iré a buscarte mamá

Tú me trajiste al mundo,
me acurruqué con tu calor,
y en cada beso que me dabas,
sentía la dulzura de tu corazón.

Me enseñaste a caminar,
te vi sufrir cuando caía,
angustiada a levantarme corrías,
y tus brazos con amor me sostenían.

Fue pasando el tiempo muy ligero,
me fui haciendo adulto primero,
hasta que el destino me llevó de pasajero,
alejándome de tu lado, lo recuerdo.

Hasta que un día llegué a verte,
ya con hijos y mucho quererte,
son tus nietos que querían conocerte,
para toda la vida solo amarte.

Pasó el tiempo muy de pronto,
y un día de madrugada me dejaste,
sin poder estar a tu lado para amarte,
que ahora me duele el corazón,
al no encontrarte para un poema recitarte.

Pero muy pronto iré a buscarte,
y no pararé hasta encontrarte,
para entregarte mis libros,
y mil poemas recitarte.

Te olvidaste de mi

Hoy que te vine a ver,
para así poderte saludar,
pareciera que en dos días,
me lograste olvidar.

Vi tus ojos llorosos,
me estremecieron a mí,
porque no lo permitiría jamás,
que nadie osara siquiera,
causarle daño a tu corazón.

Quiero decirte emocionado,
que de ti, vivo enamorado,
que quiero llevarte a mi lado,
y que de hoy en adelante,
viva tan solo para amarte.

Quiero susurrarte al oído,
este poema que te escribo,
para que lo escuches tu solita,
cuando caiga en tus brazos rendido.

Cuando te tenga a mi lado,
te hablaré muy quedo al oído,
te lo diré mujer muy despacito,
que descubrir tus encantos deseo.

Que anhelo besarte enteramente,
llevarte después a mi guarida,
para con mi amor descontrolado,
entregarte toda mi vida,
y todo lo que tú me pidas.

Joaquín

Puse el grito en el cielo,
cuando me dijeron un día,
que a nuestra casa llegaría,
para hacernos compañía.

Conmigo no cuentes para nada,
lo dije muy clarito esa mañana,
sin ni siquiera imaginarme,
cuánta alegría, venía a darme.

En un día de julio por la mañana,
llego Marly a mi morada,
recordaba a mi abuelo que tanto amaba,
cuando a todos los niños, Joaquín los llamaba.

Me salió del corazón, llamarlo Joaquín,
el, cómo lo supiera, corrió hacia mí,
su tierna mirada y la cola revuelta,
me decían, que conocerme lo hacía feliz.

Ese día encontré al amigo fiel,
mudo testigo de mi sufrir,
cuantas veces me ha visto llorar,
y conversando con la Luna de mi existir.

Cuando le hablaba de mi soledad,
los motivos tristes de tanto llorar,
solo me miraba, queriéndome hablar,
entendiendo claro, que sabía de mi penar.

Me esperaba en la puerta,
para mi llegada festejar,
es tan grande su alegría,
con la que me recibía,
que ahora yo, sí quería,
a mi casa regresar.

El me esperaba para jugar,
sabe la hora que debo llegar,
mueve la colita de felicidad,
cuando quiere algo para masticar,
es un bandido que sabe conquistar.

Yo seguro estoy,
que Dios lo envió para mí,
para que me acompañe en mi soledad,
porque el, sabe muy bien,
mi sufrimiento y mi penar.

Si al principio, no lo quería conmigo,
muy pronto se ganó el corazón mío,
te ganaste todo mi cariño,
y a cambio tú me diste,
una lección de amor que no lo olvido.

Como aprendiéramos de Joaquín,
no reprocharme jamás si algo no le di,
solo le bastaba verme llegar,
para ponerse a saltar muy feliz.

Al escribir estos versos a Joaquín,
no saben cuánto me ayudan a mí,
sabiendo que hay alguien que me espera aquí,
festejando siempre y alegrando mi vivir.

Una gran mujer

Ya me habían dicho por ahí,
que te piensas ir de aquí,
causando mucho dolor en mí,
por todo lo que recibí de ti.

Supiste muy bien gerenciar El Sol,
que lo llevaste a su máximo esplendor,
lo convertiste en un centro de amor,
oportunidades para gente de valor.

Fue tu señorial figura,
trato amable lleno de finura,
con disciplina y respeto,
a veces con energía y bravura,
haciendo que El Sol brillara con holgura.

Cuando llegué a El Sol por vez primera,
no podía ocultar mi timidez,
pero me trataron tan bien,
que me moría de ganas por volver.

Sin hablar el inglés, me sentía perdido,
en este mundo para mi desconocido,
pero encontré un lugar bendecido,
con personas que estoy seguro,
el mismo Dios las ha elegido.

Cómo quedarme callado,
no levantar mi voz emocionado,
para dar gracias a ese ser amado,
que le dio su tiempo preciado,
a este templo que se ve iluminado.

Allá por donde quiera que vaya,
seguirá derrochando lo que sabe,
oportunidades, amor y esperanza,
para quienes llegarán mañana.

Llévese el recuerdo de su gente,
que hoy de pie feliz la aplaude,
con nostalgia y gratitud eterna,
le dice, Jocelyn no se va,
se quedará aquí para siempre,
en nuestros corazones eternamente.

Cuídate para mí

Ahora me comprenderás amor,
porque te insistía tanto,
de que te cuidaras para mí,
porque ver llegar los achaques,
son cosas que no podemos evitar.

Para esos tiempos era mi compañía,
que con amor te ofrecía,
para cuando me necesites,
ser el médico que vele por ti,
todas las noches y sus días.

Para eso eran mis ruegos,
que te cuidaras para mí,
porque quería también tenerte,
enterita y toda para mí.

Hoy que el destino quiere,
que nos encontremos así,
no sabes cuánto te extraño,
y tenerte cerca de mí.

Para cada mal que te aqueje,
siempre estaré para ti,
solo esperaré la señal,
para volar hacia ti.

Tú eres fuerte y guerrera,
no te dejarás vencer,
pero nunca está demás,
que te lo vuelva a pedir,
cuídate mucho para mí.

El amor que guardo para ti,
más que todo es para después,
cuando los males nos llegan,
y nos necesitemos los dos,
que al saber y vernos juntos,
se aliviarán nuestros males,
y yo feliz después amarte.

Orgullo de Júpiter

Cuando con ilusión infinita,
llegas a la tierra soñada,
tienes que empezar de cero,
si quieres lograr tu sueño.

La dureza de la vida,
te espera con mil penurias,
muy lejos de tu tierra,
es difícil, lo que te espera.

Pero dentro de la soledad,
también llega la esperanza,
alguien hablo por ahí,
que en El Sol, te esperan a ti.

Y si la salud no anda bien,
y no sabes a dónde acudir,
pero dentro de la desesperanza,
una voz se escucha decir,
a My Clinic tienes que ir.

Lo que hoy, yo quiero decir,
es que Dios, nos quiso bendecir,
nos regala My Clinic y El Sol,
donde su gente trabaja con devoción.

Si El Sol tienen un equipo excelente,
donde lo primordial es su gente,
My Clinic es una bendición,
donde te tratan con devoción,
con dulzura y dedicación.

Estas dos instituciones,
pilares y orgullo de mi ciudad,
marchan siempre de la mano,
porque atenderte primero a ti,
es razón de ser, que los hace feliz.

My Clinic y El Sol,
Dios los bendiga siempre,
que aunque, yo no esté presente,
siempre estarán en mi mente,
y en mi corazón eternamente.

Los guayabales

Cuando mi corazón me pedía volver,
para apreciar tu belleza al atardecer,
recuerdo cuando te dejé ayer,
teniendo caminos amargos que recorrer.

Ahora que de años te vengo a ver,
tiembla mi corazón al volver,
a la tierra santa que me vio nacer,
y entre guayabales también crecer.

En un oasis en el desierto,
es donde te veo aparecer,
desde lo alto yo te logro ver,
son los guayabales,
que año tras año fueron testigos,
testigos de mi crecer.

Al introducirme en el guayabal, puedo oler,
el aroma suave y dulce que es un placer,
teniendo frutas de colores para escoger,
la blanca, la colorada, verde y aporrillada,
que a todo aquel que llega,
provoca ver, tocar y comer.

El guayabal que me vio nacer,
tiene tantos encantos que quiero saber,
conocer esa magia del atardecer,
y la alegría de las aves al amanecer.

Como olvidar mi niñez, si fue ayer,
cuando corría en el inmenso guayabal, sin saber,
que los años me alejaran de su querer,
para de viejo, soñar con volverte a ver.

En los años que estuve lejos, sin entender,
porque el destino me tenía que detener,
en todas las ganas que tenía por volver,
porque deben saberlo, que moría por verlo otra vez.

Ahora con canas y nietos, que quiero volver,
sin padre, ni madre a quien abrazar,
es una tristeza que invade mi ser,
no sé si los guayabales tengas el mismo atardecer,
ni la belleza y el canto de mil aves,
tengan ahora la misma alegría al amanecer.

Belleza de la gente

Cuando llegué a su casa un día,
sentía que Dios me bendecía,
al recibirnos una dama con alegría,
que con su esposo, felices me recibía.

Mientras más pasaba el tiempo,
iba creciendo más el encanto,
de conocer personas que con su encanto,
hace que los admire tanto.

Evans y Yenise, saben bien cultivar,
la decencia, ternura y amistad,
juntos son una pareja espectacular,
a la que se hace fácil admirar.

Dios bendiga a Mercedes y Rubén,
por regalarnos tan bello ser,
porque Yenise es un encanto,
al que dedico mi verso emocionado.

No se necesita preguntar,
quien es la señora del hogar,
de tan solo verla llegar,
sentirás esa magia subliminal,
que sólo los ángeles saben dar.

Cuando conocí a su padre,
un señor puro de calidad,
supe yo, a quien salió Yenise,
y sin dejar a Mercedes de admirar,
supe muy bien valorar.

Yenise querida, te digo en esta poesía,
que Dios bendiga a tus padres,
y a la Cuba libre que te vio nacer,
para que nunca dejes de ser,
esa mujer llena de encanto,
a la que quiero tanto.

Río Sena

En una parte del camino,
desde lo alto de la Torre Eiffel,
nos presentaron y te pude conocer,
después de abrazarte lleno de emoción.

Seguí mi camino de ilusión,
pero otro día nos volvimos a ver,
cuando arrogante y majestuoso,
te sumergías en el mar.

En el largo camino por el que vas,
no te pude dejar de admirar,
tendré tantas cosas de ti que contar,
que al recordarte, no te deje de admirar.

Tus aguas por momentos caudalosas,
hacen temblar tus orillas primorosas,
los visitantes se notan temblorosos,
sintiendo el rugir de sus motores,
ante la mirada quieta y firme,
de su capitán que te lleva adelante.

Mientras tus aguas avanzan dominantes,
veo en ti, un francés elegante,
regalando su amistad al visitante,
que llegó aquí, para saludarte.

Cuando tenga que irme de tu tierra,
me llevaré escondido en mi equipaje,
un puño de tu arena fresca,
para que mi amor siempre florezca.

Borgoñeses, parisinos y normandos,
se privilegian al verte pasar,
arrancando suspiros y halagos,
de todo aquel que te viene a visitar.

Monsieur Sena, te admira mi mirar,
y antes que el ocaso pretenda llegar,
quiero pronto volver a regresar,
como el ave que regresa a su palomar.

París

París, a ratos pienso,
que ya me enamoré de ti,
respiro tu aire fresco y sensual,
que me invita a quedarme aquí.

Tu viento helado me estremece,
que al abrigarme, me abrazo a ti,
recibiendo pronto el calor que perdí,
sintiendo un verdadero amor por ti.

Ahora comprendo porqué
los escritores hablan tanto de ti,
que encuentran la magia aquí,
para resaltar la belleza que hay en ti.

Los poetas ya no saben que más decir,
si toda la inspiración, que les diste aquí,
te llenaron de versos y poemas a ti,
sintiendo la dicha, que es escribir aquí.

Por donde te mire, te veo feliz,
toco tus muros que algo me quieren decir,
sintiendo en las calles aroma a café,
con mucha elegancia y fino vestir.

Te siento orgullosa, lo tienes que estar,
porque en la elegancia y tímido mirar,
se deleitan mis ojos de tanto admirar,
la mujer francesa y su fino andar.

Escondes tus ojos, queriendo evitar,
se crucen conmigo en el conversar,
tan solo yo quiero, poder apreciar,
la mirada dulce, que bien sabes dar.

Mi Francia querida, me tengo que ir,
jurando muy pronto, volver a venir,
porque me llevo en el alma un poco de ti,
lo suficiente para no morir,
mientras dure mi ausencia,
muy lejos de aquí.

Diane Williams

Mientras en una banca esperaba,
sea al bus o algún patrón,
me sorprendía un carrito rojo,
al que siempre veía llegar.

Al suceder una y otra vez,
me entró la curiosidad por saber,
quien llegaba tan temprano,
a su centro de trabajo.

A duras penas por la oscuridad,
por saber a quién debía mirar,
una dama, pudieron mis ojos apreciar,
viendo que a My Clinic lograba ingresar.

Pasaban los días y se hizo familiar,
ver aparecer entre la oscuridad,
a una dama que llegaba,
siempre temprano a trabajar.

Transcurriendo el tiempo así,
desde el otro lado de la avenida,
ver el carro rojo me hacía feliz,
esperando llegue el día,
de conocer a quien al verla aparecer,
me dejaba el día feliz.

El día menos pensado,
de El Sol fui derivado,
en My Clinic te verán,
me dijo alguien muy confiado.

Quien me recibió fue un ángel,
que desde el cielo había llegado,
su trato fino, dulce y agradable,
dejó mi corazón encandilado.

Fuiste muchas veces mi traductora,
al conocer los males que llevo aquí,
te convertiste en parte de mí,
que al recordarlo, me hace muy feliz.

Que te retiraste, me lo dijeron por ahí,
sintiendo dolor dentro de mí,
pero hoy quiero decirte a ti,
que jamás te irás de aquí,
porque vives en la gente que dejas aquí.

Diane, Ivon, Patricia y Alessandra,
un cuarteto de lujo, para nunca olvidar,
su amabilidad y dulzura al tratar,
nos ayudan a muy pronto sanar.

Dios te bendiga Diane,
sigue siendo ese ángel,
que va derrochando amor,
sólo quiero decirte hoy,
que siempre vivirás en mi corazón,
porque la gratitud de tu gente,
será tu merecido galardón.

Lucero

Cuando no encontraba el camino,
por la densa oscuridad,
con la que convivía,
un día Dios me envió un lucero.

Desde aquel momento cambió mi vida,
tenía a mi lado luz y alegría,
con la que feliz afrontaba,
la llegada del nuevo día.

Por eso siempre recuerdo,
cuando por la puerta de El Sol,
llegó a mi vida aquel lucero,
que dejó mi corazón acelerado,
y suspirando el día entero.

Con la llegada de aquel lucero,
cambió mi vida por completo,
era mi afán estar atento,
y demostrarle que un caballero,
quería siempre verla llegar primero.

Mientras más pasaba el tiempo,
buscaba siempre un pretexto,
para acercarme a su lado,
y demostrarle lo que siento.

Recordando esos momentos,
que los guardo secretamente,
quiero decirte amada mía,
que fuiste y serás eternamente,
ese lucero que cambió mi vida.

Siempre le pido a Dios,
que te cuide y cubra con su amor,
para que me sigas regalando,
los encantos y dulzura de tu corazón.

El ángel que dice amén

Pareciera tan lejano,
y hasta poco de creer,
pero a veces somos nosotros,
quienes marcamos nuestro destino.

Te olvidas de que hay un ángel,
que anda siempre muy pendiente,
de todo lo que decimos,
que él, al contestar con un amén,
lo convertirá en realidad.

Lo que nos pasa en la vida,
es porque en alguna oportunidad,
nosotros mismos lo pregonamos,
sin imaginar siquiera,
que nuestro ángel, dijera amén.

Para no lamentarnos después,
de lo que nos pasa en la vida,
repitamos con alegría,
lo que nos dice el corazón,
tu ángel dirá amén,
y verás cómo en tu vida,
todo te irá súper bien.

Gracias ángel de mi vida,
por estar tan pendiente de mí,
pensaré mejor lo que digo,
para que con tu amén lo bendigas,
y viva mi vida feliz.

Soñaré contigo París

Que inmenso placer,
pisar tus calles París,
que hasta el aire que respiro,
me roban el amor, y un suspiro por ti.

Como no recordarte París,
si me traje un poco de ti,
me quedé tan prendado y feliz,
que ya no me quise venir.

Cuando en el puente del alma,
me detuve un momento a rezar,
viendo la imagen de una princesa,
rodeada de muchas flores frescas,
que conmovido me hicieron suspirar.

Del mismo Corazón de Jesús,
podía observar tu ciudad,
esa torre impresionante de luz,
Eiffel, el Arco del Triunfo y los Campos Elíseos,
que feliz fui, caminar por ahí.

Con tus calles olor a tabaco,
el humeante sabor a café,
el aroma suave a chocolate,
y un crocante pan de baguette.

La mujer parisina, que a todos cautiva,
me encantan sus ojos, color de turquesa,
aunque a veces, su mirada esconde,
pero cuando te mira, sus ojos decirte quieren,
lo que tímidamente, su boca no quiere.

Si su elegancia es su cualidad,
entonces me quito el sombrero por ella,
porque su belleza encanta y fascina,
que al tenerte al frente, mi alma suspira.

Soñaré contigo mientras viva,
regresaré a tu suelo algún día,
para recitarte enamorado una poesía,
que la escribí para ti, con mucha alegría.

Normandía

Cuando era un niño aún,
me sentaba a escuchar a mi padre,
que nos contaba los sucesos de la guerra,
siendo la parte que más me cautivó,
el día del desembarco de Normandía.

Mientras más crecía,
crecía también infinidad de preguntas,
que con paciencia me las contaba,
pensando, me preguntaba para mí,
donde quedará Normandía.

Como me gustaría conocerla un día,
viendo ese deseo imposible,
y hasta casi olvidado,
fue pasando mi vida,
sin pensar que un día,
por cosas del destino,
que nos guarda día a día.

Mi hijo varón
encontró en Francia el amor,
me dio mis dos nietos,
que son mi adoración,
que llenaron de ilusión mi corazón.

Un día, cuando menos lo esperaba,
recibí la invitación, para Francia visitar,
me quedé tan impresionado al verla,
que ya no la quería dejar,
la sorpresa que me tenían.

Fue cuando me dijeron,
que cumpliría mi deseo,
mañana salimos a Normandía, papá,
sentí brillar mis ojos,
me quebró la emoción.

En las muchas horas de viaje,
mientras observaba la naturaleza,
que era todo esplendor y fineza,
el gran río Sena, que dejaba su fiereza,
para abrazarse al mar, que lo esperaba,
regalando a la vista de toda su belleza.

Museos y lugares llenos de historia,
como para no perder la memoria,
iglesias y monumentos destruidos,
tanques, trincheras y cañones,
para que nunca se nos olvide,
las atrocidades de la guerra,
que entre hermanos, solo nos divide.

Recorriendo Utah, Omaha, Gold, Juno y Sword,
las playas del desembarco en Normandía,
me detuve en Omaha, lugar inaccesible,
desembarcaron aquí las tropas americanas,
donde la configuración del terreno,
era ya un obstáculo mayor.

Un día de invierno muy temprano,
fue cuando llegué aquí emocionado,
me senté al pie de un soldado,
soldado en el bronce inmortalizado,
con una frase en el metal grabado,
que decía así: "Querido Dios,
no dejes que me ahogue,
deja que llegue a tener que hacer,
lo que debo".

Dentro de la calma, la playa ofrecía,
todo el ruido de las aguas,
se sentía que al tocar la arena,
el cantar de una hermosa melodía.

Un concierto de mil gaviotas,
rendían su homenaje con sus notas,
sintiendo a lo lejos campanadas,
como el día "D" por la mañana.

Viendo impresionado las trincheras,
los obstáculos dentro y fuera del mar,
tomé un puñado de tierra,
reverente le di gracias a Dios,
por regalarme la dicha de estar aquí,
donde un día miles de hombres,
ofrendaron sus vidas así.

Honor y gloria por siempre,
a los que cayeron aquí,
dando una lección al mundo,
de honor, sacrificio y valor,
que no hay misión más sublime,
que entregar sus vidas así.

Necesito una señal

Mientras yo me muero por ella,
y de ella, ni una sola señal,
entonces para qué luchar,
si ya no tengo lágrimas,
ni siquiera para llorar.

Si tanto crees en Dios,
porque no practicas el perdón,
si muy bien lo sabes tú,
que te amo con pasión.

Mientras alimento mi fe,
con la esperanza de volverte a ver,
hay momentos en que la pierdo,
y me voy al suelo otra vez.

Quiero decirte que tu silencio,
es para mí mortal,
es un conflicto interno el que llevo,
entre la fe por tenerte,
y la desesperanza de perderte.

Por el tiempo que ha pasado,
debería estar más resignado,
pero más quiero tenerte a mi lado,
lo que me demuestra,
que estoy locamente enamorado.

Sueño despierto y dormido,
me parece verte caminando,
en sueños, teniéndote en mis brazos,
lo que le dice a mi corazón,
que nací, para adorarte.

Tan solo dame una señal,
para nunca perder la fe,
que te esperaré mientras viva,
porque tú, me diste a beber,
toda tu dulzura y la miel,
con aroma y sabor a mujer.

Anoche te soñé

Anoche te soñé,
estabas radiante y feliz,
lucías un vestido amplio de lino,
resaltando tu hermosura para mí.

Era pequeño nuestro hogar,
pero contigo, nada faltaba,
yo al tenerte a mi lado,
feliz y orgulloso lo disfrutaba.

Mientras te veía llegar,
interrumpía mi escribir,
para feliz por la ventana,
poder tu belleza admirar.

Con un tierno beso te recibía,
y mil cosas bonitas te decía,
para que tú, llena de alegría,
rendida en mis brazos caías,
mientras yo, hacía lo que me pedías.

Mientras tú, embelesada me decías,
amor, eso es lo que siempre quería,
vivir contigo en nuestra casa un día,
y amarnos para toda la vida.

Yo extasiado de placer te decía,
yo llegué a ti, vida mía,
para quedarme toda la vida,
y consentirte en todo mientras viva.

Un rayo de Sol por la ventana,
mi más hermoso sueño terminó,
que al ver que era un sueño,
mi pobre corazón lloró,
lloró de puro sentimiento,
al despertar, sin tu amor.

Dios te bendiga vida mía,
por vivir dentro de mí,
porque hasta en mis sueños,
me haces inmensamente feliz.

Coro celestial

Escribo feliz todos los días,
por lo menos una poesía,
porque busco con alegría,
la belleza que nos regala la vida.

Hoy me detuve un momento,
porque me sorprendió un concierto,
una bandada de pajarillos,
todos de pecho amarillo,
me deleitaron con su canto,
que al oírlos, eran un encanto.

Como las cosas buenas, no suelen durar,
así como llegaron, así también se fueron,
marchándose a otro lugar,
donde quizá los esperan llegar,
para la vida alegrar.

Que, mientras la vida sigue,
la gira continúa también,
llevando por todo el mundo,
ese regalo de Dios.

Es tanto lo que nos regala Dios,
cuando nos envía con alegría,
un coro de música celestial,
con una bandada de pajarillos,
ese regalo de Dios,
por el que nada he de pagar.

Musa enamorada

Si tu querida mía,
me dices con alegría,
que te ha gustado mi poesía,
te prometo vida mía,
escribirte uno, cada día.

Para que al verlos algún día,
suspires con lo que te digo,
porque me muero por estar contigo,
que ahora que estás tan lejos,
es para mí un castigo.

Mientras más lejos me encuentre de ti,
más cerca te siento a mi lado,
por eso en cada verso que te escribo,
verás que de ti, vivo enamorado.

Siempre serás mi musa enamorada,
porque eres mi inspiración soñada,
que en cada poema que te escribo,
va todo mi corazón ilusionado,
para que siempre esté a tu lado.

Así pase el tiempo sin saber,
absolutamente nada de ti mujer,
siempre le pediré a Dios,
que te cuiden y te haga ver,
que aunque lejos, aquí hay un hombre,
que nunca te dejará de querer.

Si yo hubiera

Si yo hubiera tenido,
una cámara o grabadora,
tendría los testimonios vivos,
de mis ancestros que con hidalguía,
me contaron la historia de sus vidas.

Si yo hubiera sido más audaz,
estudiar debía agronomía o geología,
para descubrir con alegría,
las bondades de la tierra mía,
que a manos llenas me ofrecía.

Si me hubiera acercado más a Dios,
para conocer sus bondades y el perdón,
me entregaría con modestia y humildad,
a dar mi vida por la humanidad.

Si me hubiera dado cuenta a tiempo,
de la importancia que es amar,
no me cansaría de abrir mi corazón,
como cuando abro mis brazos con pasión,
llene un sentimiento de inmenso amor.

Si yo hubiera comprendido,
lo rápido que pasa el tiempo,
más tiempo estaría con mis padres amados,
a mis abuelos más los hubiera visitado,
jugado más con mis hijos amados,
mil veces los hubiera cargado,
y un millón de besos les hubiera dado.

Si yo hubiera entendido,
que el tiempo perdido no regresa,
no me hubiera conformado,
con lo que había logrado,
más me hubiera preparado,
para lograr el sueño dorado.

Si yo hubiera escuchado,
los sabios consejos de mis antepasados,
no estaría sufriendo tanto,
por los errores del pasado,
que ahora es triste recordarlo.

Si yo hubiera, si yo hubiera,
que palabras, verdad?,
serán de consuelo o frustración,
lo que fuera...,
igual, causan un fuerte dolor.

Si no logro llegar

Si no logro llegar,
es porque tú y el destino,
lo quisieron así,
tú, porque te olvidaste de mí,
y el destino,
que debe tener otros planes para mí.

Tú, quizá sin darte cuenta,
en todo lo que escribías,
ibas pintando la imagen mía,
como alguien que no era para ti.

Si no logro llegar,
no es porque no quiera,
tú sabes de sobra mis intentos,
y lo que hacía por llegar a ti.

Pero Dios con su inmenso amor,
no quiere que te vaya a ver,
quizá porque sabe él,
que sufriría por algo,
que es mejor no saber.

Lo que escucho y no quiero aceptar,
es que todo secreto, se llega a saber,
y no es que alguien te traicionó,
en todo caso pregúntate mejor,
quien no te traicionó.

El amor es tan puro y santo,
que exige respeto y lealtad,
y si algo se logra escapar,
entonces, ese amor no es de verdad.

Si no logro llegar,
me dolerá el alma de tanto llorar,
porque veré mi amor fracasar,
al comprobar que mucha gente,
que te conoce y sabe de tu andar,
tenía tanta razón al hablar,
de que nuestro amor, no iba a durar.

Gracias

Gracias señora mía,
por estar siempre ahí,
presta a brindarme su hombro,
donde poder llorar.

Gracias amiga mía,
por tener la paciencia entera,
para escuchar lo que mi alma herida,
te quiso contar en este día.

Gracias hermanita del alma,
por tus palabras sanadoras,
para poderme en algo consolar,
para que no llore más.

Gracias mi ángel de Dios,
que sin ser psicóloga ya sabías,
todo lo que me causaba dolor,
y sin ser mi terapeuta,
aparte de escucharme con atención,
me dices las palabras,
que le hacen bien a mi corazón.

Gracias por siempre a ti,
porque es tanta tu intuición,
que pareciera la videncia,
es tu nueva profesión.

Me dijiste tantas cosas,
pero tantas cosas a la vez,
que además de hacerme llorar,
también me hiciste recapacitar.

Gracias por abrirme los ojos,
con cosas que no lo sabía,
pero quiero decirte también,
que muchas, ya las percibía.

Pero como tú muy bien lo dices,
es mejor parar aquí,
porque no quieres que más tarde,
mi vida sea infeliz.

Gracias por la copa de tequila,
que me ayudó a pasar saliva,
cuando dolido me quebraba,
y el llanto apagaba mi voz.

Gracias señora mía,
gracias amiga querida,
gracias hermana del alma,
siempre vivirás en mi corazón,
porque los consejos que me diste,
pareciera que vinieran,
que vinieran del mismo Dios.

Granito de amor

A veces me pregunto,
si eres tú, la mujer tan dulce,
que conocí un día.

Cuando los recuerdos me invaden,
fueron tantas tus virtudes,
por eso te quiero preguntar,
que fue lo que te hizo cambiar.

Al ver tus fotos suspiro,
porque te llegué tanto a querer,
que no lo puedo creer,
que quizá, no te vuelva a ver.

Te di muestras de mi amor,
te convertiste en mi inspiración,
pero no hay cosa peor,
que vivir lejos de tu corazón.

Creí en la madurez de tu corazón,
y el amor que me ofrecías,
que habías marcado tu intención,
fueron muy bellas palabras,
pero, que no salieron de tu corazón.

Pero, si te quedara,
solo un granito de amor,
para hacer florecer otra vez,
ese amor tan hermoso,
que nos tuvimos ayer.

Cuando te conocí

Cuando te conocí,
encontré la fe en ti,
que fue para mí,
cómo volver a la vida feliz.

Mientras no te conocía,
confiado y feliz vivía,
sin saber que un día,
de mi lado tú, te irías.

Entonces recordé cuando una vez,
me demostraste tu frialdad,
y sin una pizca de amor,
me dijiste, que no eras mía.

Con el dolor de mi corazón,
decidí comportarme como tú,
devolviendo mi gran amor,
con la que, me lo dabas a mí,
en la misma medida.

Pero lejos de comprenderlo,
sentí que te alejabas de mí,
comprendiéndolo recién,
a donde apuntaba tu intención.

Con los recuerdos que guardo de ti,
siempre vivirán dentro de mí,
porque el amor que te ofrecí,
no fue para un solo día,
sino para toda la vida.

Hazle caso a tu papá

Recordar es volver a vivir,
hoy muy temprano lo viví,
cuando muy decidido salí,
a comprar una planta para mí.

Ya lo tenía decidido,
una antediluviana quería,
una planta milenaria,
que con sus recuerdos vivía.

Cuando me ordenaron una vez,
que construyera un vivero,
en esas circunstancias la conocí,
y desde el primer momento,
tan solo mirarla, me hacía muy feliz.

La conocí como oreja de elefante,
con sus hojas grandes y elegantes,
pertenece a la familia,
de las siempre bellas alocasias.

Como si me estuviera esperando,
llegué derechito y sin preguntar,
muy decidido de poderla comprar,
pero por su tamaño,
en mi carro no podía entrar.

En ese momento sentí,
que me tocaron el hombro,
como que alguien me llamaba,
caminé hasta un lugar,
donde lo primero que vi,
fue una planta de guayaba.

Pensé al instante en mi padre,
y en la niñez feliz de mi vida,
donde crecí entre guayabales,
junto a mis padres amados.

Cambié de opinión al instante,
pero tenía que darles explicación,
a las alocasias por las que vine,
que era el motivo de estar aquí.

Al inclinarme para poderles hablar,
sentí la frescura del aire,
y la brisa que a sus hojas,
las hacía tambalear,
sintiendo que me tocaban,
como queriéndome acariciar.

Conversamos un momento,
parecía que me querían abrazar,
lloré de emoción indescriptible,
trayéndome los recuerdos,
cuando en un vivero,
la aprendí tanto a amar.

Parecía que me escuchaban,
y que dulcemente me decían,
hazle caso a tu papá,
hoy llévate el guayabo,
y después regresa por mí.

Todo lo que les cuento hoy,
a mí también me conmovió,
quizá, no encuentre explicación,
pero, lo que de verdad sentí,
fue para mí, un regalo,
un regalo del mismo Dios.

Hoy al recordarte

Hoy al recordarte,
quise ver el mar,
donde juntos una vez,
tomados de la mano,
salimos a caminar.

Pero encontré un mundo diferente,
las gaviotas dejaron de volar,
el mar se veía quieto,
la playa estaba triste,
sentía olor a soledad.

La poca gente al caminar,
pareciera que ha perdido,
esa alegría tan peculiar,
que a todas solía contagiar.

En mi caminar pensativo y lento,
me detuve de pronto un momento,
viendo la inmensidad del mar,
te buscaba, queriéndote encontrar.

Es tan grande el amor,
que tengo guardado para ti,
que volteaba la mirada a cada rato,
con la esperanza de verte llegar,
para correr loco de amor a tu lado,
y felizmente poderte abrazar.

En mi angustia que no puedo disimular,
quería a las gaviotas preguntar,
si te han visto por aquí llegar,
pero ellas, no quieren ni volar,
pareciera que al saber que decir,
evitan acercarse a mí.

Alguien me dijo por ahí,
que en vano espero por ti,
porque encontraste el motivo,
para adelantar lo que pensabas hacer,
antes de marcharte de aquí.

Si eso fuera así, muchas gracias,
por lo que fuiste para mí,
me quedaré con los bellos recuerdos,
que viví junto a ti.

Si no escribiera

Si no escribiera,
ya no estaría aquí,
estaría loco vagando por ahí,
sin encontrar el rumbo que perdí.

Si no escribiera,
no tendría nada que hacer,
cuando me despierte y al recordarte,
lloraría por estar lejos de mi amada.

Si no escribiera,
mis fines de semana,
serían largos y aburridos,
esperando con ansias ver,
aparecer a mi ángel querido.

Si no escribiera,
no les contaría el inmenso amor,
que de mi madre recibía,
ni las enseñanzas de mi padre,
que feliz, yo las recibía.

Si no escribiera,
no vería la belleza de la mujer,
que con su dulzura y encanto,
cautivó mi corazón enamorado.

Si no escribiera,
no escribiría tanta poesía,
donde resalto con pasión,
la belleza que nos regala la vida.

Si no escribiera,
nadie al final sabría,
la historia de mi vida,
que la cuento con hidalguía,
resumida en una poesía.

Si no escribiera,
no diría palabras bonitas,
no resaltaría la belleza,
y no agradecería a Dios,
por regalarme tanto en la vida.

El hijo pródigo

Hoy que te vine a ver,
después de años sin volver,
para con los brazos abiertos,
entregarte todo tu querer.

Oh, mi Sol, como no quererte,
hoy me recibiste tan alegre,
que parecía el hijo pródigo,
que abatido regresé a verte.

Sentí como la primera vez,
temeroso y confundido,
a tus instalaciones llegué,
que hoy al volverte a ver,
sentí esa misma sensación.

Pero encontré otra vez,
la misma dulzura del ayer,
sintiéndome tan feliz,
de haber decidido volver.

Suzanne, Diana, Ana y Katherine,
el encanto y la belleza,
con la que saben conquistar,
al forastero que acaba de llegar.

No me cansaré de gritar,
que El Sol, es una bendición,
donde nos tratan con amor,
pareciera que tienen por misión,
alegrarnos a todos el corazón.

Tristeza del guayabo

Cuando todo hacía suponer,
que todo marchaba bien,
hoy al regresar a casa,
un gran susto me llevé.

El guayabo que sembré con amor,
estaba con las hojas caídas,
y muy triste se le veía,
parecía que estresada moría.

Poniéndome de rodillas,
me incliné a acariciar su tallo,
le pedí con el corazón,
que no me abandone,
que necesitaba de su compañía.

Pensé por un momento,
que toda la tristeza mía,
la absorbió mi guayabo,
poniéndolo tan pero tan triste,
parecía que había perdido,
las ganas de seguir viviendo.

Removí la tierra con esmero,
llené de agua el terreno,
no dejándole de pedir,
que se recupere para mí.

Con un beso en sus hojas,
le entregaba mi cariño,
recordando a mi padre,
el cuidado que le ofrecía.

Esa noche dormir no pude,
con el miedo a que muriera,
me atormentaba la sola idea,
de perderte de esa manera.

Al día siguiente muy temprano,
por la ventana salí a verla,
estaba tan bella y de pie,
que corrí a abrazarla muy feliz.

Agradeciéndole mucho a Dios,
le prometí a mi guayabo,
cuidarlo toda la vida,
porque ya es parte de mí.

Me bajé de tu tren

Para quien gusta de escribir,
y muchos versos y poemas transmitir,
con el corazón muy dolido,
hoy les quiero decir.

Cuando tienes a tu lado,
una copa de vino tinto,
la imagen de un ser adorable,
y el amor aunque lejos,
de una musa enamorada.

Resulta fácil escribir y escribir,
haciendo mil poemas para ti,
en cuestión de solo minutos,
porque la inspiración por ti,
fluye como la sangre de mi corazón,
que no deja de latir.

Pero cuando te arrebatan sin piedad,
los ingredientes de inspiración,
todo se acaba bruscamente,
se nubla tu mirar que frustrado,
no logras tus ideas hilvanar,
ni siquiera una línea escribir.

Sientes que te invade la angustia,
el terrible dolor por lo perdido,
pareciendo un barco perdido,
que sin su capitán,
navegando va a la deriva.

Ayer, que me escribiste,
con todo lo que me dijiste,
sentí que una daga ardiendo,
grababa en lo más hondo de mi corazón,
la fecha infame, del fin de una relación,
que para ti más parecía ilusión.

Con el tono con que escribiste,
me bastó, para coger mis cuatro cosas,
bajarme en la siguiente estación,
y muy dolido abandonar tu tren.

Me quedé mirando fijamente,
hasta ver perderse tu tren,
entonces resignado, a Dios le pedí,
para que a donde te lleve,
encuentres lo que a ti,
te haga inmensamente feliz.

Con un cuaderno en la mano,
y una pluma en el bolsillo,
con los recuerdos que me quedan,
seguiré escribiendo para ti.

Ahora voy en busca de otros aires,
donde tendré que acostumbrarme,
a vivir sin ti, solo con los sueños,
que guardaba dentro de mí,
para cuando viejos,
te busque para entregártelos a ti.

Bella paloma

En este largo tiempo,
de solo esperar y esperar,
a que pase el tiempo,
para las heridas curar.

En todo ese tiempo,
no deja de llegar,
un visitante singular,
que llega a mi ventana,
todos los días por la mañana,
para mi vida alegrar.

Ese visitante que suele llegar,
es una bella paloma,
que con su canto angelical,
es quien anuncia su llegada,
con su bello y típico cantar.

Como si supiera bien,
que su canto, me hacía recordar,
cuando siendo niño aún,
en el campo, la solía escuchar.

No dejaba de cantar,
hasta que saliera a mi ventana,
como queriéndome mirar,
y ver la alegría de mi rostro,
con lo hermoso de su cantar.

Después que me miraba,
recién bajaba a picotear,
recorriendo todo el jardín,
como si estuviera,
en su propio palomar.

Alguien muy querido,
me llegó a asegurar,
que esa bella paloma,
tenía un rostro familiar,
porque todos los días,
me viene siempre a visitar.

Luna rosada

Me habían dicho por ahí,
que hoy saldría, una Luna rosada,
al principio no lo creí,
pero fue mi curiosidad,
la que me llevó a la playa,
y esperar verla salir.

Muy temprano me fui a la playa,
encontré el mar muy tranquilo aún,
mientras esperaba llegar la noche,
para ver la Luna rosada salir.

Mientras más se acercaba,
la salida de la Luna rosada,
simultáneamente el mar se embravecía,
cautivando toda mi atención,
el rugir de sus grandes olas,
cambiando su pasividad,
con un mar rugiente y agresivo.

De pronto el murmullo de la gente,
me volvió a la realidad,
viendo lentamente, la Luna aparecer,
en un ceremonial precioso,
que alcanzó gran emoción,
cuando los asistentes,
entre aplausos, la querían recibir.

Con el mar embravecido,
salió la Luna rosada,
ambas, eran un regalo,
que al poeta lo inspiraron,
escribir una poesía,
con la belleza que veía.

Cuando la tuve frente a mí,
por primera vez tan elegante,
vestida con un rosado de tul,
me incliné ante ella reverente,
rendido ante tanta belleza.

Resplandeciente y feliz,
me regalaba su luz,
iluminando mi camino,
ese camino que perdí.

En cada rayito de resplandor,
sentía que serena me decía,
retoma el camino de tu vida,
que yo nunca te abandonaré,
iluminaré con mi luz tus noches,
hasta que llegue la luz del amanecer.

El pino lloró

Puente querido, puente de Quishuarani,
viendo tu belleza desde el pino,
reverente, ante ti me inclino,
porque siempre vivirás conmigo.

Puente querido y amado,
dicen que tu fin ha llegado,
tu señorío, no muestra enfado,
te vas, muy sereno a otro lado.

La encañada se ve triste,
hasta el viento, creer se resiste,
las aguas dejan de correr,
y todo el valle se abraza a ti,
con un sentimiento lleno de frenesí.

Te podrán arrancar de la roca,
querrán borrarte de la historia,
dirán después que nunca estuviste,
pero el poeta en un poema,
lo dejará grabado para siempre,

Al dedicarte lo que siento,
quiero decirte, cuánto lo siento,
no estar contigo en este momento,
para agradecerte, por lo que significaste,
a lo largo de todos los tiempos.

Al observar cómo te arrancaban,
de la roca enclavada,
era todo un cuadro de tristeza,
que el pino, mirar aterrado,
también se puso a llorar desconsolado.

Con los recuerdos que me quedan,
me bastan para quererte,
en mi corazón siempre tenerte,
cómo maravilla que en nuestra mente,
siempre, vivirás eternamente.

Lo tenías calculado

Quiero pedirte por un momento,
que me permitas llegar a ti,
para entrar a tu corazón,
para cobijarlo dentro de ti,
comprender lo que sientes por mí.

Quizá si lograra tu consentimiento,
para introducirme en tu pensamiento,
para aprender cómo amarte,
sin llegar a maltratarte,
para nunca más dejarte.

Al encontrar tantas diferencias,
como quisiera llegar,
donde aprendiste amar así,
para matricularme allí,
y amarte de la misma manera,
con la que me amaste, tú a mí.

Tú siempre pediste llegar,
a donde ahora estás,
porque tu ángel al decir amén,
marcaba lo que tu boca decía.

Por las razones que tenías,
que las contabas todos los días,
mientras tu ángel amén decía,
tu solita, marcabas lo que querías,
porque Dios, igual te complacía.

Tengo miedo

Al llegar y conocerla,
con su dulzura coqueta,
me dio la confianza entera,
para adaptarme en mis tareas.

Pero como fuera, decirle quiero,
gracias por regalarme la alegría,
de saber que hay en la vida,
una bella dama americana,
que me alegra cada mañana.

Cuando con afecto la saludo,
siento que su abrazo me atrapa,
que tengo miedo de caer,
de caer, rendido a sus pies.

No se deshaga en elogios,
que parece que quisiera,
perturbar mi herido corazón,
el que guarda aún,
un fuerte y cruel dolor.

Guarde su coquetería conmigo,
no me la regale por favor,
que no quisiera volver a tropezar,
en la tentación que después,
de dolor me haga llorar.

Lo único que quisiera para mí,
es conservar esa preciosa joya,
la que me alegra cada día,
y hace feliz la vida mía.

Para cuando sea papá

Porque ustedes me enseñaron,
y me iban con su amor preparando,
para afrontar con éxito las adversidades,
que encontraría a lo largo del camino.

Aprendí con esmero, a rezar todos los días,
para darle gracias a Dios por la vida,
y pedirle de corazón que me haga,
el hombre más humilde de la Tierra.

A saludar a mis mayores,
cederles el asiento con respeto,
ayudarlos a cruzar la calle,
brindarles por siempre afecto,
porque a todos en la vida,
nos llegará esos momentos.

A tenderle la mano al desprotegido,
con un abrazo y una palmada en la espalda,
y una sonrisa que te brote del alma,
hacerlo sentir bien, en este mundo.

A ser cortés, educado y elegante,
un gracias, buenos días, y un te quiero,
sin perder jamás la esencia,
con la que fuiste criado.

A resaltar la belleza de una dama,
respetarla y cuidarla con esmero,
darle el lugar y espacio que merece,
y amarla intensamente mientras vivas.

A enamorar, como se enamoraba antes,
tocar la puerta y presentarse,
porque quien llegaba, era un caballero,
con flores perfumadas para tu amada,
y otro también, para su madre,
sin ser cantante, una canción cantarles,
y sin ser poeta, mil poemas recitarles.

A cumplir y honrar tu palabra,
buscar siempre la justicia,
compartir con el peón la mesa,
y con un abrazo dado del alma,
alentarlo con cariño cada mañana.

A reconocer, tus muchos errores,
pedir perdón, para curar heridas,
desterrar vanos resentimientos,
eliminando odios y rencores,
para no llevar dolores en el alma.

Solo me bastaba verlos,
para con su ejemplo aprender,
a ser una hormiga en el trabajo,
hacerlo siempre a conciencia,
para que con la paga,
sienta satisfecha mi labor.

Ahora comprendo, porqué,
mis padres siempre me enseñaron,
estas y muchas cosas más,
porqué me preparaban,
para cuando sea papá.

El tiempo te da la respuesta

Dime mamita linda,
porque trabajas tanto,
si ya no tienes hijos pequeños,
todos estamos bien y tenemos trabajo,
por favor mamacita, ya no trabajes.

Mi madre no me dijo nada,
me miró a los ojos y sonrió,
sentí tanta dulzura en su mirada,
que le di un beso y fuerte la abracé.

Si bien no me respondió nada,
pude leer en su mirada,
ay hijito, quédate tranquilo,
que el tiempo será,
quien te de la respuesta.

Por qué trabajas tanto,
alguien me lo preguntó ayer,
con las mismas palabras,
que mucho tiempo atrás,
yo le reclamaba a mi mamá.

Me vino de inmediato a la mente,
los bellos recuerdos de mi madre,
que sin decir ninguna palabra,
me decía que el tiempo,
me daría la respuesta.

Para quien ama la vida,
y le sobran razones para amar,
si hay seres a quien cuidar,
uno quiere robarle al tiempo,
mil espacios para trabajar,
para feliz, algo poderles dar.

Gracias madre de mi vida,
por la lección y sin hablar,
que tú me supiste dar,
para que yo con el tiempo,
hoy, igual te pueda imitar.

Que le podría contestar,
a quien insiste en preguntar,
por qué a estas horas de mi vida,
no dejo de trabajar.

Solo lo miraré a los ojos,
y con una sonrisa les diré,
que el tiempo algún día,
les dará la respuesta,
esa respuesta,
que tanto quieren escuchar.

Cómo amaneció hoy

Hay gestos en la vida,
que conmueven hasta el alma,
que nos demuestran la belleza,
de la mejor obra de Dios.

Cuando alguien, sin conocerte,
te saluda amablemente,
y con dulzura te pregunta,
cómo amaneció hoy.

En un principio te sorprenderá,
pero en segundos, te hará ver,
que aún existen muchos seres,
que te hablarán con el corazón.

Al sentirme conmovido,
le agradecí su gesto inusual,
continuando la amable señora,
desde hace dos días que la observo,
con la sonrisa que nos recibe,
que nos contagia su alegría.

Sin embargo por momentos,
veo tristeza en su mirada,
que la maquilla tan bien,
con la sonrisa que nos regala.

Ante tanta galanura, solo sonreí,
para decirle emocionado,
Dios la bendiga señora,
por preguntarme, cómo amanecí,
hace tiempo no sentía,
que alguien se fijara en mí.

Le di gracias a Dios,
por enviarme muchos ángeles,
para alegrar mi corazón,
me acerqué a saludar a su familia,
y a todos ellos, en nombre de Dios,
les di mi bendición.

Brevas, higos y chimbango

Recordando tiempo idos,
los mejores de mi niñez,
como olvidar los higuerales,
que me hicieron tan feliz.

En las faldas de tus cerros,
una franja de blancas ramas,
separando el oasis del desierto,
como marcando territorio,
esperan la primavera,
para volver a florecer.

Cuando un día te fui a ver,
desde lo alto del Mirador,
a mis hermanos que venían atrás,
les grité emocionado,
ahí, ahí, está el higueral.

Las ramas blancas y sin hojas,
ya se vistieron de un verde intenso,
alcanzando tal belleza,
impresionando a quien vino a verte.

Tus ramas cubiertas del bello verde,
como un traje elegante y celestial,
adornaban todo un valle,
que te sale de prisa a saludar.

Tus primeros frutos son delicia,
son las brevas tan esperadas,
y que son también disputadas,
con las cucules en la madrugada.

Después de las brevas,
la higuera también te regala,
abundante cosecha de higo fresco,
y los que no pudiste recoger,
por caer al suelo o quedarse en la mata,
se convertirá en higo seco,
tu tesoro para el invierno.

Con todo el higo seco,
juntarás gran reserva,
para el resto del año,
no te falte el chimbango,
para brindar con todo aquel,
que te viene a ver.

Es el chimbango, sí señores,
la bebida emblemática de mi distrito,
es la herencia más sagrada,
de quienes hicieron la grandeza,
la grandeza de Uchumayo.

Así, esté lejos de ti,
siento el olor de tus higueras,
la frescura de tus amplias ramas,
las delicias de tus frutas,
y el aroma del chimbango,
ese chimbango de tres higos,
lo sigo saboreando en la distancia,
vivo feliz, brindando contigo.

Emocionado, a nombre de Dios te digo,
bendito seas Uchumayo,
por regalarme tantos higuerales,
con brevas, higos y chimbango.

Titirimundachi

En momentos de soledad,
cuando no encontraba,
motivos para sonreír,
recibí un mensaje especial,
que mucho me hizo reír.

Comparte todo tu arte,
no te lo guardes para ti,
que lo sepa TITIRIMUNDACHI,
para que conozcan el sentimiento,
ese, que pones al escribir.

Quién lo podría creer,
al leer tu mensaje con atención,
claramente escuché tu voz,
que me sonaba dulcemente al oído,
alegrando mi entristecido corazón.

TITIRIMUNDACHI, palabra mágica,
o quizá sea el embrujo,
de la dama que lo envió,
y que hacerme feliz volvió.

Lo cierto de todo esto es,
que cada vez que lo escucho,
solo me empiezo a reír,
renaciendo en mí la inspiración,
para con el alma, volver a escribir.

Quería tanto que TITIRIMUNDACHI,
se entere de mi homenaje,
que le rindo en poesía,
que este poemario,
tuvo un momento que esperar.

Ahora que lo saben,
que se entere TITIRIMUNDACHI,
como una sola palabra,
pueda alegrar tanto una vida.

Belleza oriental

Me sentía ahogado en el alcohol,
buscaba consuelo en el licor,
abrazado a una rokola,
escuchaba mil veces la misma canción.

Con el corazón destrozado,
lo que no sabía,
que mientras más bebía,
un ángel del cielo me veía.

Cuando se me acercó un día,
la recibí con rebeldía,
que me dejara en paz,
que en la mujer no creía.

Pero ese ángel insistía,
hacerme entender quería,
que por ese camino moriría,
y que ella, no lo permitiría.

Para que dejara de insistir,
acepté la mesa compartir,
para atento poderla oír,
sintiendo prontamente,
recuperar las ganas de vivir.

Pese a tener la misma edad que yo,
me habló con la dulzura,
de una anciana sabia,
convenciendo a mi corazón,
el camino correcto,
que debería retomar.

Después de hacer el milagro,
y de haber cumplido su misión,
desapareció de mi vida,
pero sigue viviendo,
conmigo en mi corazón.

Jamás la podré olvidar,
me hacía feliz verla sonreír,
porque escondía sus ojitos,
resaltando su belleza,
su belleza oriental.

Gracias papá

Un día que no quisiera recordar,
sin saber dar alguna explicación,
comí una fruta envenenada,
que de milagro me salvé.

Sin un médico ni una posta a donde ir,
tan solo el llanto, desgarrador de mi madre,
que a gritos le pedía un milagro a Dios,
para que salve de la muerte a su hijo mayor.

Mi padre que con su yunta la tierra araba,
dejó todo tirado y corrió a mi lado,
me tomó en sus brazos,
y se dirigió a la Estación,
donde de milagro, apareció un autocarril.

Viéndome convulsionar, su angustia crecía,
cuanto habrá sufrido mi padre ese día,
sintiendo impotencia, nada poder hacer,
para salvarle la vida, al primero de su camada.

Una vez en emergencia del Hospital,
los médicos no me querían recibir,
convulsionaba y tenía el cuerpo ya morado,
le dijeron, solo lo salvará un milagro,
pero ante los ruegos de mi padre,
me acomodaron a los pies,
de un anciano moribundo.

Muy difícil que se salve,
le volvieron a decir,
entonces regresaré mañana,
si vive vivirá, y si muere lo enterraré,
les dijo mi padre, antes de retirarse.

Mi padre desesperado,
esa noche no durmió,
al llegar al Hospital,
vio mi cama vacía,
la angustia invadió su corazón,
pensando que decirle a mi madre,
que rogando a Dios, en la finca se quedó.

La enfermera que llegaba,
se adelantó y le dijo,
felicitaciones señor, su hijo se ha salvado,
dónde está que no lo veo, preguntó mi padre,
allí, le indicó, estaba tan bien acurrucado,
que mi padre no me vio.

Al abrir mis ojos,
y ver a mi padre,
le sonreí, el me abrazó,
y lloramos los dos.

Después me abrazó fuertemente,
me dijo, correré hijo a la finca,
a darle la noticia a tu madre,
que estará desesperada,
sin saber nada de ti,
que por su llanto y sus ruegos,
Dios te ha salvado hijo mío.

A los días de ser dado de alta,
vi aparecer a mis padres amados,
mi madre corrió a abrazarme,
mientras yo le abría mis brazos,
para juntos llorar de sentimiento.

Yo, aún sin dejar de llorar,
levanté la mirada a mi padre,
que sonriente y feliz,
la escena contemplaba.

Entre sollozos,
y abrazándolo fuerte,
le dije, gracias papá,
tú me salvaste la vida.

Invitación a
la Inspiración

El amor lo puede de todo

En esta iglesia, nos vamos a casar,
fue el corazón que habló,
porque el amor que sembraron,
Lisandro y Eufemia enamorados,
ya germinó y nació.

Los tiempos previos,
al nacimiento de esta bella unión,
son sin duda,
una romántica historia de amor.

Aquí hay personajes,
que conociendo las bondades,
de ese amigo y su tía guapa,
soñaba verlos como esposos,
que desde ya, lo hacían muy feliz.

Aplaudió y feliz se sintió,
por la valentía de la tía guapa,
que al hacerle caso a su corazón,
se escapó con su amado galán,
a Siguas paraíso del amor.

Si bien a su padre adorado,
no le hacía ninguna gracia,
era comprensible su reacción,
porque se trataba de su guagua,
que un forastero la cortejaba.

Pero quienes conocían al forastero,
ponían sus manos al fuego por él,
por tratarse de un hombre,
honesto, caballero y leal,
al que muy, pero muy pronto,
todos lo llegaron a amar.

Para muestra de lo que digo,
él, se llegó a casar,
en la iglesia de Santa Martha,
con su Eufemia querida,
con quien formó su hogar.

Muy pronto se ganó el cariño,
y a todos se metió al bolsillo,
que ahora son ejemplo,
de lo que debe ser,
una pareja de esposos,
cuando se llega tanto a querer.

Por lo mucho que se amaban,
Lisandro y Eufemia,
fueron bendecidos por Dios,
teniendo cuatro hijos,
que son el fruto de su amor.

Dios bendiga el amor,
a Lisandro y Eufemia,
que se aman con pasión,
con todas las fuerzas,
de su maravilloso corazón.

Giovana M. Casillas Moscoso

No me llevo nada

Antes de dejar este mundo,
dijo un poeta y escritor,
me voy y en mí,
no me llevo nada.

Todo lo que he sido en vida,
mi mano fue la encargada,
de plasmarlo en un papel,
y mi voz de entonarla,
en una bella canción.

Era todo un deleite mío,
y de quienes amaba con pasión,
que a todos suspiros arrancaba,
pero al llegar el momento,
en que tenga que decir adiós,
me voy, y no me llevo nada.

A mis amigos escritores,
decirles quiero con razón,
si en tu tintero, en algún momento,
tinta les faltara,
lo único que puedo dejarles,
es la sangre que fluye de mi corazón.

Y más no,
mis cuerdas vocales,
que si pudiese,
también se las dejaba.

A cambio de ellas,
les dejo mi guitarra,
no sentirán más mi voz,
pero tocando sus cuerdas,
escucharás en la lejanía,
el cantar de mi corazón.

John Vargas

Querido Uchumayo

Una campiña bordada,
con flores multicolores,
y las rosas, los geranios,
los claveles, los pompones,
más sus árboles frondosos,
sauces, eucaliptos y molles.

Y los árboles frutales,
hay en todas variedades,
desde cerezos, guayabos,
ciruelos y pacaes,
también hay bellos viñedos,
higuerales y perales.

Se oyen tantos trinos,
de golondrinas y arrieros,
jilgueros y chihuiancos,
que deleitan los oídos,
de lugareños y vecinos.

De acequias y manantiales,
donde corren aguas cristalinas,
en su corriente va energía,
que desembocan en grandes chacras,
generando nueva vida.

Ya cosecha el campesino,
al otro lado del río,
el maíz, el ají, la papa y el trigo,
la cebolla y los ajos,
están en pleno cultivo.

Y los cerros majestuosos,
que acordonan el gran valle,
parten de la quebrada de Huayrondo,
y mueren en Quishuarani.

Guardan en sus entrañas,
el cobre y otros preciosos metales,
las canteras donde extrae,
el talador, rojos y blancos sillares.

Más los grandes cascajales,
arenales y pedregales,
están muy bien destinados,
a la construcción de grandes obras,
y también a los hogares.

Bellos pueblos tradicionales,
su gente y su mestizaje,
trabajan siempre unidos,
para darles mayor auge.

Iglesias tradicionales,
que guardan en sus altares,
imágenes de los santos,
de San Pedro, San Isidro,
de María nuestra Virgen,
y de Cristo nuestro padre.

Puentes casi coloniales,
construidos de sillares,
donde pasan hasta traillares,
otros son peatonales,
que sirvieron de trincheras,
para hombres que pelearon,
por su Patria por causas leales.

Hombres poetas, compositores,
y cantores de valses y yaravíes,
marineras y otros sones,
que te dan la bienvenida,
y son buenos anfitriones,

Picanterías campestres,
donde preparan potajes,
el chicharrón, el rocoto,
el pastel de papa, los picantes,
hechos por bellas mujeres,
que cocinan a leña,
como las de antes.

Más por las calles se extiende,
un aroma sin igual,
que un licor a lo natural,
sabemos elaborar,
y que a mucha gente fuereña,
que visita este lugar,
que al beber un solo vaso,
hasta los hace cantar.

Todo esto mis amigos,
los invito a disfrutar y contemplar,
aquí en mi tierra natal,
donde Dios supo sembrar,
la semilla del edén,
y floreció como ven,
mi gran distrito Uchumayo,
mi gran distrito Uchumayo.

John Vargas

Querido Polito

Leo tus mensajes bellos,
los que envías día a día,
son palabras melodiosas,
que deleitan mis retinas.

Me alegran infinitamente,
que mi corazón se ve sonriente,
porque vienen de un lindo poeta,
que con sus versos llega al alma.

Si te encuentras muy lejos,
con lo que me escribes,
te siento cada vez,
muy cerca de mi lado.

Mientras esperaba mi turno,
al ver tu foto y pensar en ti,
vino a mí la inspiración,
que te escribo estos versos,
con lo que me dice el corazón.

Es mi querido Polito,
mi primo y casi hermano,
el poeta de la familia,
que nos escribe con pasión.

Juana J. Casillas Moscosos

Caminar contigo en París

Observando tus pasos,
comprendo la razón de los míos,
hoy en París,
ayer en Lima o West Palm Beach,
no importando el lugar y sin saberlo,
preparaste el camino que emprendí.

Crecer a tu lado,
fue entender que el ayer,
puede ser el mejor recuerdo,
pero que el mañana siempre,
será la mejor experiencia.

Añorar el pasado para ti,
anhelar el futuro para mí nos opuso,
como todo padre protector,
siempre quisiste a tus hijos al lado tuyo,
como todo niño curioso,
mi impaciencia del mañana nos separó.

Como todo joven,
en busca de independencia,
de mi presencia te privo,
para reaparecer en hombre,
pero muy orgulloso lleno de ti.

La vida me demostraría,
que cada paso que damos,
va forjando nuestras almas,
nuestra fuerza y nuestros recuerdos,

aquellos que no serían más,
qué espasmos de alegría,
en los momentos más difíciles,
de este gran camino, que emprendí junto a ti.

Caminar contigo en París,
fue el desenlace feliz,
de una etapa en mi vida,
una batalla que emprendí,
de la cual saldría victorioso.

Aun sintiendo yo el cansancio,
ahí te veo raudo por descubrir
y muy ansioso por conocer,
demostrando una vez más,
que no importa la fatiga,
cuando de explorar se trata,
o mejor aún, que para ti,
los minutos al lado de tu hijo,
y de tus nietos amados,
son la mejor recompensa,
antes que el más cómodo reposo.

Caminar contigo en París,
fue una enseñanza más,
del gran camino que emprendí,
que emprendí feliz a tu lado.

Caminar,
seguir los pasos de mi padre,
en el camino de la amistad.

Crecer,
crecer es pasar de niño a hombre.

Metamorfosis,
un día pasado... el ayer.

Recuerdos,
homenaje, no rendirse,
carrera militar,
honor y amor al uniforme,
perseverancia y nunca,
pero nunca perder la fe.

Sergio Lazo Flores

Vuelve a empezar

Aunque sientas el cansancio,
aunque el triunfo te abandone,
aunque un error te lastime,
aunque un negocio se quiebre,
aunque una traición te hiera,
aunque una ilusión se apague.

Vuelve a empezar.

Aunque el dolor queme tu alma,
aunque ignoren tus esfuerzos,
aunque la ingratitud sea la paga,
aunque todos estén desconsolados y desanimados,
aunque todo parezca perdido.

Vuelve a empezar...

Tomás Delgado Arenas
Coronel EP

Este hermoso mensaje, que ocupaba toda una hoja, me la obsequió el Coronel de la Caballería del Ejército de Perú, Tomás Delgado Arenas, en el mes de junio de 1991, para ese entonces ostentaba el grado de Teniente Coronel, y era el Comandante, Jefe del Regimiento de Caballería 101, perteneciente a la 18va División Blindada, en el Fuerte General Hoyos Rubio, en el distrito de Rímac, en Lima, Perú y, quien escribe este libro, tenía el grado de Teniente.

Lo que me animó a considerarlo en mi nuevo libro, fue cuando ordenaba mis antiguos escritos, encontré con tristeza apuntes, que el tiempo se encargó de borrarlos y muchos otros ya se encontraban amarillentos, como fue el caso de este bello mensaje que durante 31 años me sigue acompañando y que la manera de preservarlo es sin duda tenerlo en un libro. Así quiero rendir mi homenaje a quien por dos años, fue mi Comandante de Unidad, en el glorioso Regimiento 101, al saludar y reconocer a mi Comandante, rindo el mismo homenaje a mis compañeros de armas y en especial a nuestros queridos y recordados soldados, por lo que nos tocó vivir en esos tiempos muy difíciles y que sin duda contribuyeron significativamente en lograr la pacificación de nuestra Patria.

Le escriben al Poeta

Amigo Poeta, felicitaciones por su constancia y perseverancia, su cuarto libro así lo demuestra. Un abrazo desde Venezuela.

AILED ROMERO
Venezuela, 11 de diciembre de 2021

Polito, son pocas las personas especiales y tú, eres una de ellas, un abrazo primo poeta.

HECTOR HURTADO
Perú, 23 de diciembre de 2021

Amigo Polo, es usted un regalo de Dios, tiene un corazón tan noble, que amigos así no se encuentran fácilmente, un abrazo desde Guatemala.

ESTELA HERNANDEZ
Guatemala, 23 de diciembre de 2021

Señor Polo, muchas felicidades por sus libros, un gusto conocerlo.

JOSE VACA
Perú, 12 de febrero de 2022

Querido Polito. Gracias por tu cariño, tu mamá debe estar feliz en el cielo. Que Dios te regale vida y mucha salud para que sigas escribiendo.

WILDER ARANIBAR
Perú, 21 de febrero de 2022

Hola Polo, qué lindos poemas. Saludos desde Guadalajara, México.

DRA. KARLA
México, 12 de febrero de 2022

Polito, un saludo para ti, con mucho aprecio al poeta del oasis Quishuarani. Un abrazo primo poeta.

HECTOR HURTADO
Perú, 23 de febrero de 2022

Polito, tus palabras inspiran y ese cariño que nos tienes es recíproco, como no hubiera más Polos en la Tierra, el mundo sería diferente. Me siento orgulloso de tener dentro de la familia a gente como tú. Un fuerte abrazo con el cariño de un Aranibar.

WILDER ARANIBAR
Perú, 24 de febrero de 2022

Primo Polo, que tu entusiasmo y buena voluntad sean tus herramientas para que sigas escribiendo. Un buen día.

HECTOR HURTADO
Perú, 25 de febrero de 2022

Gracias Polito, tus palabras dan ánimo, alegría y compañía.

WILDER ARANIBAR
Perú, 10 de marzo de 2022

Amigo Polo, gracias por todo lo que escribe, gracias a Dios por haberlo conocido, un gran amigo y vecino como tú, del tradicional callejón de Loreto en nuestra querida Arequipa.

JULIO CÉSAR SALAS
Perú, 10 de marzo de 2022

Gracias Polito, tienes un corazón grande como el de tu mamá Margarita, muy cariñoso y de buenos sentimientos.

JUAN MOSCOSO

New York, 12 de marzo de 2022

Amigo Polo, por un momento me transporto hacia esos lugares de su poesía. Es muy agradable leer sus poemas. Me gustaría poder responderle de la misma manera, pero no tengo el don de escribir tan bonito.

NEREIDA SANCHEZ

Perú, 17 de marzo de 2022

Hola Polito, me encantan tus poemas, sabes cómo expresar tus ideas y tu sentir. Te felicito, sigue escribiendo que eso te dará felicidad y satisfacciones en tu forma de ser, todo un caballero, para quitarse el sombrero. Un abrazo.

JUAN MOSCOSO

New York, 18 de marzo de 2022

Hola Polo, el escritor sabe exprimir sus puntos de vista, como autor puede describir los sentimientos más puros y nobles, Polo Lazo sublima la realidad y nos regala magia en cada una de sus páginas. Esto es, ser un verdadero poeta. Nunca dejes de escribir.

GWENDOLINE LESTIDEU LAZO

Francia, 22 de mayo de 2022

Polito, si hubieras empezado a escribir 30 años más joven, serías famoso y muy conocido, pero, está bien que lo sigas haciendo, porque eso te hace valorar más lo que es la vida. Eres grande y te admiro como eres, que Dios te bendiga y te dé más sabiduría. Sigue adelante y muchas gracias por dejarme oír tus grandes inspiraciones que te salen del corazón.

JUAN MOSCOSO ARANIBAR
New York, 26 de julio de 2022

Indice

Invitación a la Inspiración

www.ingramcontent.com/pod-product-compliance
Lightning Source LLC
LaVergne TN
LVHW010552160826
845677LV00013B/3102